How to Have Confidence and Power in Dealing with People

Les Giblin

人望が集まる人の考え方

レス・ギブリン
弓場隆 訳

ディスカヴァー携書
237

HOW TO HAVE CONFIDENCE AND POWER
IN DEALING WITH PEOPLE
by Les Giblin

Japanese quality paperback rights arranged with Les Giblin Inc.,
New Jersey through Tuttle-Mori Agency, Inc., Tokyo

はじめに

現実を直視しよう。

すべての人が他人に何かを求めている。誰もが相手に好意を求め、自分を受け入れて認めてほしいと思っている。具体例を紹介しよう。

- 夫婦は互いに愛情と献身を求めている。
- 親は子どもに従順さを求めている。
- 子どもは親に愛情と安心を求めている。
- セールスマンは顧客に取引を求めている。
- 経営者は従業員に忠誠心と生産性と協調性を求めている。
- 従業員は経営者に仕事に対する称賛と承認を求めている。

すべての人は成功と幸福を求めている。あなたは、自分の成功と幸福に他人が重要な役割を担っているという事実について、考えたことがあるだろうか？

私たちはたいてい他人との関わりを通じて成功を収める。幸福をどう定義しようと、それは他人とどんな関係を築くかに大きく左右される。

少し考えてみれば、これはすぐにわかることだ。

人間の本性について知っておくべきこと

私たちはたえず他人に何かを求めているし、常に円満な人間関係を築きたいと思っている。

本書を読みながら、自分が他人に何を求めているか冷静に考えてみよう。

私は理想的な人物像について述べるつもりはないし、自分の欲求を抑圧してまで他人とうまくやっていくべきだと説くつもりもない。

本書で伝授するのは人間の実際の行動パターンに関する洞察であり、それを活用して、自分が求めている昇給や取引、好意を得る方法である。

昔から「知は力なり」と言われてきた。たしかにそのとおりだ。**人間の本性（ほんせい）についての正確な知識を身につけて実践すれば、あなたは求めているものをいつでもどこでも手に入れることができる。**

本書では机上の空論を排除して、人間関係についての長年の経験にもとづく確固たる技術を紹介しよう。それは大勢の人の人生で証明されてきたものだ。

本書の基本原理は、あなたが今まで抱いてきた考え方と大きく異なっているかもしれない。だが、ひとつだけ利点がある。それは「絶大な効果がある」ということだ。

相手が求めているものを与える

大勢の人が他人に何かを求めていることを自覚している。だが、その願望を満たすことが利己的だと考え、求めているものを手に入れようとしない人があまりにも多い。自分が成功と幸福を得ると、他人の成功と幸福を奪うことになると思い込んでいるからだ。

ここで断言しよう。

よい人間関係とは、自分が求めているものを手に入れるのと引き換えに、相手が求めているものを与えることだ。

それ以外の関係はうまくいかない。

相手になんの見返りも与えずに、自分が求めているものを手に入れることに後ろめたさを感じない人は、人間関係についての本をいくら読んでも意味がない。

本書は、自分が求めているものを手に入れて、しかも相手を満足させる技術をマスターしたい人のために書かれている。

人と関わる3つの基本的なパターン

誰の世話にもならず、自分だけの力で生きていける人は一人もいない。人はみな他人が与えてくれるものを必要としている。あなたも例外ではない。人間関係は常にそういう必要性に根差している。

人との関わり方は次の3つのパターンしかない。

1 求めているものを相手から奪い取る。たとえば、相手を脅して恐れさせる。犯罪者がその典型だが、社会的地位が高い人もこのやり方を巧妙に使っている。

2 求めているものを与えてもらうために媚びへつらう。その卑屈な心理状態を端的に表現すると、「どうかお願いですから、おめぐみください」となる。

3 ギブアンドテイクの精神で公平な交換をおこなう。相手が求めているものを与えることで、相手はお返しのために、あなたが求めているものを与えてくれる。

以上の3つのパターンのうち1と2は本書とは関係ない。本書で扱うのは3である。つまり、相手が求めているものを与えることによって、自分が求めているものを手に入れる方法だ。効果のほどは証明済みである。

あなたは今、他人が求めているものをふんだんに持っている。そこで、それをその人たちに気前よく与えれば、彼らは喜んであなたに成功と幸福をもたらしてくれる。

自分が成功と幸福を得ようとすると、他人の成功と幸福を台無しにすると思っている人もいるかもしれない。だが、真実はその逆である。それを示す証拠はいくらでも存在する。

一般に、幸福な人は不幸な人より多くの幸福を振りまくし、成功者は失敗者より多くの恩恵を周囲の人にもたらす。自分の願望が適度に満たされている人は、不満をため込んでたえずいらだっている人より、他人の願望に対してはるかに寛大で思いやりがあるからだ。

心理学者、犯罪学者、聖職者、精神科医は、この世の問題の大半が不幸な人々によって引き起こされていることを指摘し、欲求不満でみじめな思いをして暮らしていると、周囲の人に多大な迷惑をかけるおそれがあることを警告している。

人間の本性をよく理解し、相手の願望を満たす

よい人間関係のカギは、人間の本性についてしっかり学ぶことだ。そのためには人間の理想像を追求するのではなく、人間の現実の姿を究明する必要がある。

人間の本性をよく理解して初めて、成功と幸福を手に入れるきっかけをつかむことができる。人々が何を求めているかを見極めて、相手の願望をうまく満たす方法を紹介しよう。当然、それは人間の本性に反するやり方ではなく、人間の本性に合うやり方でなければならない。

私たちを悩ませる問題の原因は人間の本性にあるのではなく、私たちが他人の求めているものをないがしろにしがちなことにある。**人間の本性はやっかいなものではなく、むしろ理にかなったものである。あなたはそれを知って、驚くと同時に安心するに違いない。**

人間の本性を軽視しておいて、「あの人は気難しくて手に負えない」と言い訳しているのを見聞きするたび、私はウォルフ・アンド・デサワー社のハリー・マテルスキー人事部

長の言葉を思い出す。

「下手なゴルファーにかぎって、自分のミスをクラブのせいにする。それと同様に、人間関係の技術がつたない人にかぎって、『相手が強情だからやりにくい』と不平をこぼす」

たしかに人々は強情に見えるかもしれないが、大勢の人が人間関係で苦労しているのは、人間の本性をよく理解していないからだ。

自分が知らないものに対処しているとき、私たちは自信を持つことができない。たとえば、エンジンの仕組みをよく理解していないのに、それを直そうとしている修理工を観察するといい。その修理工は戸惑いながら、いかにも自信がなさそうに振る舞っているはずだ。

一方、エンジンの仕組みを知り尽くしている熟練の修理工を観察してみよう。その振る舞いは自信にあふれていることが一目瞭然だ。

この原理は何を扱うときにもあてはまる。その対象について知れば知るほど、その扱い方に自信を持つことができる。

いくら人間関係の表面的なルールを覚えても、それでは人との関わり方に自信を持つことはできない。しかし、人間の本性をよく理解し、基本原理をしっかり学べば、人との関わり方に自信を持つことができる。

本書は人間の本性を詳しく説明したうえで、具体的な応用の仕方を紹介する。**大昔から現代まで一貫して成果を上げてきた普遍的なテクニックだから、あなたにも必ず役立つはずである。**

レス・ギブリン

※本書は二〇一六年に弊社より刊行された『人望が集まる人の考え方』を、再編集のうえ携書化したものです。

人望が集まる人の考え方　目次

第4章 他人の行動と態度をコントロールする方法 067

第5章 相手によい第一印象を与える方法 089

Part 2 友情をはぐくんで相手を味方につける

Part 3 効果的な話し方で成功する

第8章 言葉で表現する能力を磨く方法 147

第9章 聞き上手になる方法 165

Part 4 相手にうまく働きかける

Part 5

人間関係のワークブック

Part 1

人間の本性を
うまく活用する

第 1 章

成功と幸福を
手に入れる方法

人はみな人生でふたつのものを手に入れたいと思っている。それは成功と幸福である。

もちろん人はみな違うから、成功と幸福の定義は人によって千差万別だ。だが、どんな定義であれ、自分が求める成功と幸福を手に入れたいなら、ぜひとも学んでおかなければならないことがある。地位や身分に関係なく、それはまったく同じだ。

それは、**成功と幸福をもたらす最大の要素は、人間関係の技術だ**ということだ。**人間関係の技術をしっかりマスターすれば、成功への道のりの約85%と幸福への道のりの約99%の地点に到達することができる。**これは多くの科学的研究で証明されている。

相手の自尊心を満たす

単に他人とうまくやっていく方法を学ぶだけでは、成功と幸福はおぼつかない。たとえば、臆病な人はトラブルを避けるために、「他人とうまくやっていく」方法を学ぶ。それはいつも相手の言いなりになることだ。

一方、暴君タイプの人は「他人とうまくやっていく」別の方法を実行している。それはいつも相手を脅して言いなりにさせることだ。

いずれにせよ、私たちは他人とうまくやっていく方法をもう学ぶ必要がない。どんな人でもそれなりの方法をすでに会得しているからだ。

大切なのは、他人とうまくやっていきながら、自分が充実感を得ると同時に相手の自尊心を満たす方法を見つけることである。

人間関係の極意とは、お互いの自尊心を満たすようなやり方で相手と関わることだ。これこそが人と関わって本当の成功と幸福を手に入れる唯一の方法である。

9割の人は人間関係で失敗する

カーネギー工科大学は1万人の工場労働者を調査し、**成功の15%は仕事のスキルによるもので、85%は性格的な要因、とくに他人とうまく関わる能力によるものだ**と結論づけた。

また、解雇された数千人の男女に関するハーバード大学の研究では、**仕事の失敗で失業した人より人間関係の失敗で失業した人のほうが2倍多い**ことがわかった。

だが、著名な心理学者のアルバート・ウィガム博士によると、その割合はもっと高いという。1年間で失業した4000人の労働者の実態を調べたところ、**仕事ができないから失業したのは全体の1割にすぎず、残りの9割は他人とうまく関わることができないから失業した**ことがわかったのだ。

成功と幸福の最大のカギは人間関係だ

周囲を見渡してみよう。あなたが知っている中で最も成功しているのは、高度な頭脳と専門技術を持った人たちだろうか?

少し考えてみれば、**最も成功していて幸福感にあふれているのは、人間関係の技術にたけた人たちだ**とわかるはずだ。

多くの人が抱える問題の本質

自意識過剰で内気で臆病で社交性がなく、劣等感にさいなまれている人たちの中で、自分の本当の問題が人間関係の技術がつたないことだと気づいていない人はたくさんいる。彼らは自分の問題が性格的なものというより、実際は他人とうまく関わる方法を学んでいないことによるものだと理解していないようだ。

表面的に、それとは正反対の人も同じくらいたくさんいる。彼らは自信にあふれているように見えるし、家庭や職場、社交の場でリーダーシップをとりたがる。だが、彼らも心の中では自分に何かが欠けていることを痛感し、なぜ家族や従業員が喜んで協力してくれないのか、なぜ脅して言うことを聞かせなければならないのか悩んでいる。

とりわけ彼らは、自分が関心を引こうとしている人たちが、自分を認めて受け入れてくれないことに気づく。彼らは相手に協力と友情と忠誠心を求めるのだが、どうやってもそれが得られないために、無力感にさいなまれている。彼らは人間関係の技術を十分に身につけていないので、自分に好意を持ってもらうことができず、求めているものが手に入らずに悩んでいるのだ。

専門技術より人間関係の技術

専門技術がすべてのように見える職業をひとつだけ挙げるとすれば、技術職だろう。ところが、パーデュー大学を卒業した技術者に関する5年以上にわたる詳細な記録によると、学生時代に最高の成績だった人の収入は、最低の成績だった人の収入と比較して、年収で200ドルの差しかなかったという。つまり、高度な専門技術を身につけた人でも、そうでない人と比べて収入にそれほど差がないということだ。

一方、**人間関係の技術にたけた人は、優秀な学業成績を収めた人より収入が約15%上回り、人間関係の技術がつたない人より約33%も多くの収入を得ていた。**

皮肉なことに、多くの人は性格を改善することには大きな興味を持っているが、人間関係の技術を改善することにはあまり興味を持っていない。だが、人間関係の技術を改善することには大きな意味がある。それについて、これから詳しく説明しよう。

公私を問わず人間関係の技術が成否を分ける

現実問題として、他人とうまく関わる以外に充実した人生を送る方法はない。つまり、**他人とうまく関わらずに成功と幸福を手に入れることは不可能なのだ。**

医者、弁護士、セールスマンとして最も成功している人たちが、最も高度な専門技術を持っているとはかぎらない。それと同様に、販売成績が最もいいセールスレディーが最も聡明だとはかぎらないし、最も幸福な夫婦が最も美男美女だともかぎらない。

どの分野であれ成功しているのは、人との関わり方の秘訣を心得ている人である。

成功の要因と失敗の要因

どうすれば他人とうまく関わることができるのか？

私にとって、それは常に大きな関心事だった。そこで、長年にわたり多くの成功者を研究して成功の要因を調べた。また、多くの失敗者を研究して失敗の要因を調べた。

だが、「他人と仲良くやっていく」方法を記した書物の大半が、人々が求めているものに関する正確な研究にもとづいていないことがわかった。人々の理想的な行動パターンに関する著者の持論が書かれているだけだったのだ。具体的には、自分の願望を満たすのをあきらめて他人に取り入る方法である。

しかし、私は長年にわたる研究で、一部の人が他人と仲良くやっていくだけでなく、自分が求めているものを手に入れるうえで役立つテクニックをひそかに使って成功を収めていることに気づいた。

奇しくも、その成功者たちが使っているテクニックの多くは、昔から本に書かれてきたのと基本的に同じだったが、ひとつだけ大きな違いがあった。それは小手先のテクニックではなく、人間の本性に対する正確な理解にもとづいていたことだ。

小手先のテクニックではなく、人間関係の基本原理を学ぶ

人間関係の技術をマスターするためには、何をすべきかだけでなく、なぜそれをするのかを知っておかなければならない。

基本原理に関するかぎり、人はみな同じだ。だが、あなたが出会う人はみな違うから、一人ひとりに合った小手先のテクニックを学ぼうとしてもうまくいかない。ちょうどピアニストが一曲ごとに小手先のテクニックを学ぼうとしてもうまくいかないのと同じだ。

そこでピアニストは、まず基本原理を習得する。音楽について基本的なことを学び、ピ

アノを弾く技術を身につけるために練習する。基本的なことを学び終えて練習をさらに積めば、どんな曲でも弾くことができる。それぞれの曲は違っていても、ピアノには88の鍵盤しかなく、音階には7音しかないからだ。

ピアニストであろうとなかろうと、ピアノの美しい和音を奏でる方法はすぐに学ぶことができる。さらにもう少し辛抱して練習すれば、すべての和音を個別に奏でることができる。しかし、だからといってピアニストになれるわけではない。その程度の技術でコンサートを開いたら大失態を演じるはめになる。

それと同様のことが、人を動かすための小手先のテクニックを学んで機械的に応用しようとしたときにも起こる。あなたは人間関係の技術をマスターしている人と同じことをするが、どういうわけかうまくいかない。同じ鍵盤をたたいているのに素晴らしい音楽を奏でることができないのと似ている。

本書の目的は人間関係の小手先のテクニックを教えることではなく、人間の本性に対する正確な理解にもとづいた実用的なノウハウを教えることだ。

本書で紹介する技術は、私のセミナーを受講した大勢の人によって証明済みである。他人と円満な人間関係を築いて自分が求めているものを手に入れたいなら、これは絶対に守らなければならない基本原理だ。

たしかに人はみな成功と幸福を求めている。だが、自分が求めているものを他人が与えてくれるように強制するやり方はうまくいかない。また、自分が求めているものを与えてくれるように他人に媚びへつらうやり方も好ましくない。誰もそういう人を尊敬しないし助けようとも思わないからだ。

自分が求めているものを手に入れる唯一の正攻法は、正しい人間関係の技術をしっかりマスターすることである。

人望が集まる基礎知識❶

1 失業者の多くは、仕事ができないからというより、人間関係でつまずいたために職を失っている。

2 自信を持って人と関わる技術を学べば、成功と幸福が確実に手に入る。

3 人との関わり方の基本原理を理解すれば、小手先のテクニックは必要ない。

第2章

人を動かす基本的な秘訣

今、この文章を書いていて、互いになんの関連性もないように見えるふたつの新聞記事が目に入った。

ひとつは、話しかけているときに居眠りをした女性に激怒して絞め殺した中年男性に関する記事。もうひとつは、2人の仲間とガソリンスタンドに押し入って金品を盗んだ17歳の少年に関する記事。少年は出っ歯をからかわれたので、自分の「すごさ」を見せつけるために強盗を働いたという。

このふたつの記事は、人々が傷ついた自尊心を守るために過激な行為におよびかねないことを示している。**人間関係に関するかぎり、相手の自尊心を傷つけることはご法度（はっと）だ。**相手の人間としての尊厳を踏みにじったら、いずれひどい目にあわされる。

人々は自尊心についてとてもデリケートで、自尊心を傷つけられると非常手段に訴えるおそれがあることを肝に銘じよう。

人々は自尊心を傷つけられると感情的になりやすいが、自尊心を大切にしてもらうと理性的に振る舞う。

人間関係の基本原理

自尊心は人間の尊厳に関わるたいへん重要なものだ。**すべての人は自分の自尊心を大切にしてほしいと願い、それを傷つける人を敵とみなす。**

だから、生身の人間を機械やロボットのように扱ってはいけない。そんなことをすると、相手はそっぽを向いてしまう。

実業家のヘンリー・カイザーは「**すべての人を大切に扱えば、必ずよい人間関係を築くことができる**」と言っている。これは当たり前のことだが、とても含蓄のある言葉だ。

人間関係の4つのルール

相手が夫、妻、子ども、親、上司、部下、同僚、友人、知人のどれに該当しようと、人と関わるときは、次の4つのことを肝に銘じる必要がある。

1　すべての人は程度の差こそあれ自分本位である。

2　すべての人は自分に最も強い関心を抱いている。

3　すべての人は自分が重要だと感じたがっている。

4　すべての人は他人に認められたいと思っている。

すべての人は自分の自尊心を満たしてほしいと強く思っている。その願望がある程度満たされて初めて、人々は自分のことを「忘れ」、他人に意識を向けることができる。また、人々は自分が好きになって初めて他人に対して友好的になることができる。

人々は自尊心が満たされないと他人に対して批判的になる

従来、自己中心的な人は自尊心が高すぎると信じられてきた。だから、その人の高慢な鼻をへし折ることが最善の対処策だという考え方が一般的だった。今日ですら、自己中心的な人にそういう接し方をする人はたくさんいる。しかし、それがうまくいったためしはない。相手の敵意をあおってしまい、かたくなな態度に拍車をかけるだけだ。

そういうやり方がうまくいかない理由は単純明快である。臨床心理学の研究で、**自己中心的な人は自尊心が高すぎるのではなく低すぎる**ことがわかったのだ。

自分との関係がうまくいっているなら、他人との関係もうまくいく。**自分との関係がうまくいっておらず、他人との関係もうまくいっていない人は自尊心が欠如しているので、自尊心を取り戻すことが唯一の解決策となる。**自分を少し好きになれば、他人のことも少し好きになることができる。いったん自分に対する強い不満を乗り越えれば、他人に対して批判的でなくなり、寛容の精神を発揮することができる。

問題を抱えた大勢の人を対象にした臨床心理学の研究によると、**自尊心を満たしたいという思いは、空腹を満たしたいという思いと同じくらい自然で普遍的だ**という。どちらも自己保存を目的にしているからだ。身体が食料を必要としているように、自尊心は敬意と承認と満足感を必要としている。

自尊心を胃袋にたとえると人々の行動原理はすぐに理解できる。1日3食きちんととっている人は、胃袋を満たすことを心配する必要がない。だが、ひとたびその人が1日か2日食べられなくなると、性格に変化が現れる。ふだんは温厚で素直な性格なのに、突如として強情で意固地な性格に変わるのだ。他人に対して批判的になり、何をしても満足しなくなる。友人が善意で「空腹なんて気にしなくていいじゃないか。自分のことばかり考えていないで、他人のことをもっと考えるべきだ」と忠告しても、本人は聞く耳を持たない。空腹を克服する方法は、空腹を満たす以外にないからだ。

言い換えると、空腹で苦しんでいる人は、食べることによって自分の最大のニーズを満たさなければならないのである。他のことに意識を向けるのはそれからだ。

自己中心的な人についても同じ理屈があてはまる。健全で正常な性格であるかぎり、自分を受け入れて認める必要がある。「自分のことは忘れなさい」とたしなめられてもどうしようもない。自尊心が満たされないかぎり、自分のことを忘れることができないからだ。しかし、**いったん自尊心が満たされると、自分のことを忘れて他人のニーズに意識を向けることができる**。

相手の自尊心を満たせば人間関係はうまくいく

人間関係を改善する魔法について考えてみよう。そのカギとなる事実は次のとおりだ。

自尊心が満たされていないと、人々は摩擦やトラブルを起こしやすい。

自尊心が満たされれば、他人とうまくやっていくことができる。具体的に説明しよう。

・**寛容の精神を発揮するので、相手の考え方にじっくり耳を傾けることができる。**
・**自分のニーズが満たされているので、相手のニーズに配慮することができる。**
・**精神的に安定しているので、相手にミスを指摘されても素直に認めることができる。**
・**批判を受け流すだけの自信があるので、おおらかな態度で相手に接することができる。**

小人物より大人物のほうがはるかに扱いやすい。第一次世界大戦中に兵士が「おい、そこのお前、マッチを消せ」と怒鳴りつけたところ、相手は名将として知られるパーシング将軍だった。兵士がしどろもどろになって謝罪しようとすると、将軍は彼の肩を軽くたたきながら「ささいなことを気にする必要はない」と言った。

名将ともなると、一兵卒の不用意な発言ぐらいでは自信が揺るがないのだ。

だが、自尊心が低いと摩擦やトラブルが頻発する。自尊心がさらに低くなると、ささいなことでも動揺しやすい。自分が話している最中に居眠りをしたという理由で相手の女性を絞め殺した男性がその典型だ。もし彼の自尊心が満たされていれば、相手の侮辱的な行為はさほど大きな意味を持たなかっただろう。また、もし17歳の少年の自尊心が満たされていれば、自分の「すごさ」を見せつけるためにガソリンスタンドに強盗に入る必要はなかったはずだ。

自尊心の低い人にとっては、ほんの少し非難のまなざしを向けられたり厳しい言葉をかけられたりするだけで一大事のように思えてくる。たわいのない発言にも皮肉や嫌みのような隠された意味を見つけようとする過敏な人は、低い自尊心のために苦しんでいると見て間違いない。

他人をこき下ろす傲慢な人も、低い自尊心のために苦しんでいる。こういう人の行動を理解するには、ふたつのことを知っておく必要がある。ひとつは、自分の重要感を高めようとして他人をこき下ろしていること。もうひとつは、誰かに少し批判されただけで、すでに低い自尊心が壊滅状態になるのを恐れていること。こういう人はいつも心の中でびくびくしながら他人と接している。自尊心を傷つけられるという不安に耐えられないので、他人にやられる前に相手を先制攻撃することもある。

相手が摩擦やトラブルを起こす原因が低い自尊心にあることを理解すれば、相手を批判して火に油を注ぐようなことはしないはずだ。**低い自尊心で悩んでいる人に辛らつな意見を言ってはいけない。そんなことをすれば、相手はますます手に負えなくなる。**議論に勝っても人間関係が壊れるだけだ。

気難しい人にはほめ言葉をかける

気難しい人に対処する効果的な方法は、たったひとつしかない。**その人が自分自身をより好きになるのを手伝うことだ。**

傷ついた自尊心を癒すのを手伝えば、相手はおとなしくなって突っかかってこなくなる。

自尊心が深く傷ついている人は、腹を空かせた猛犬のようなものだ。どんな猛犬も餌を与えてもらえば、吠えたり咬みついたりしなくなる。人間関係も同様で、**心のこもったほめ言葉をかけて相手の自尊心を満たせば、気難しい人に対して大きな効果を発揮する**（普通の人に対して効果があることは言うまでもない)。

他人について称賛できるささいなことを探してみよう。**毎日、少なくとも5つのほめ言葉を周囲の人にかける習慣を身につけよう**。人間関係がどれだけ好転するかを実感すれば、さぞかし感動するに違いない。

本書のパート2では、人間の本性に関する知識を日常生活で応用する具体的な方法を紹介する。だが、それまで待つ必要はない。相手が自分自身をより好きになるのに役立つ方法を今すぐに考えよう。ただし、相手を見下したような態度をとってはいけない。そんなことをすれば、見透かされて敵をつくってしまうだけだ。

正論を説くより相手の自尊心を満たす

人間関係の最重要ポイントは、「**人々はたいてい自分の自尊心を満たすために行動する**」ということだ。相手になんらかの行動をとってほしいなら、その人の自尊心を満たす方法を実行しよう。

本書を読み進めるのにも、この人間関係の最重要ポイントを常に思い出してほしい。多くの実例にあてはまるから、なぜそれぞれのやり方が効果的なのかがわかるはずだ。

私たちはよく「物の道理」という言葉を使うが、**人間関係における物の道理とは、相手に正論を振りかざすことではなく、相手の自尊心を満たす方法を実行することだ。**

実際、これは配偶者、子ども、給仕係、受付係だけでなく国王にもあてはまる普遍的な原理である。

1732年、イギリスのオグルソープ将軍は国王ジョージ2世に対し、新世界（のちのアメリカ合衆国）に新しい植民地を建設する許可を得るために、ありとあらゆる正論を振りかざした。

ところが国王はまったく興味を示さなかった。将軍にとってはどれもまっとうな理由のように思えたのだが、国王は頑として首を縦に振らないのだ。

そこで将軍はやり方を変えることにした。

将軍が次の謁見で「新世界での植民地の建設は、イギリスにとって非常に有意義なことです」と進言したところ、国王は「我が国はすでに新世界に12の植民地を持っているではないか」と反論した。

そこで将軍はすかさず、「たしかにそのとおりですが、国王にちなんで命名された植民地はまだございません」と言った。

国王は思わず身を乗り出した。そして、「ジョージア」と命名された13番目の植民地の建設に許可を与えただけでなく、必要な資金を快く提供した。

人望が集まる基礎知識❷

1 すべての人は自分の自尊心を満たしたいと思っている。

2 すべての人は自分が他の何よりも大切だと思っている。

3 すべての人は自分の重要感を満たしたいと思っている。

4 すべての人は自分を認めてほしいと願っている。

5 相手の自尊心を満たせば、おのずと好意的な態度をとってくれる。

6 自尊心が満たされないかぎり、他人に寛容な態度をとることは難しい。

7 お腹が満たされないのと同様、自尊心が満たされないと人々は扱いづらくなる。

8 自尊心が低いと摩擦やトラブルの原因になりやすい。

9 相手が自分自身をより好きになるのを手伝えば、相手と仲良くすることができる。

10 人々はたいてい自分の自尊心を満たすために行動するから、正論を説くよりも相手の自尊心を満たすほうが人を動かすうえで効果的である。

第3章

自分の「隠れ資産」を有効に使う方法

すべての人は人間関係において「大富豪」である。しかし、あまりにも多くの人が自分の「隠れ資産」をけちけちしながら使っているのが実情だ。さらにもっとひどいのは、自分がその「隠れ資産」を持っていると気づいていないことである。

第二次世界大戦中に食料がなくて人々が飢えていたとき、食料品を提供する店が各地で最も繁盛した。現在、あなたが日々の生活の中で出会う人々は、あなたが提供できるものに飢えている。

世界中の人々が最も飢えているもののひとつは、自分の重要感である。つまり、すべての人は自分の価値を他人に認めてほしい、自分をほめてほしい、自分に気づいてほしいと強く思っているのだ。

あなたが持つ「隠れ資産」の効果を具体的に説明しよう。

- **あなたは他人の価値を認める力を持っている。**
- **あなたは他人が自分を好きになるのを手伝う力を持っている。**
- **あなたは他人を受け入れて大切に扱う力を持っている。**

以上のとおり、あなたは人々が求めてやまない莫大な「隠れ資産」を持っているのだ。

自分の「隠れ資産」を気前よく与える

人間関係を好転させる最も即効性のある方法は、自分の「隠れ資産」を気前よく相手に与えることだ。出し惜しみをしてはいけない。コストはかからないし、使い果たすおそれもない。条件をつけてはいけない。自分の求めているものを相手が与えてくれるように画策してはいけない。

自分の「隠れ資産」を相手に与えるとき、何が得られるかを考える必要はない。それを気前よく与えれば、必ず何倍にもなって戻ってくるからだ。

すべての人は自分の重要性を認めてもらいたがっている

相手が成功者や有名人だからといって、その人の重要感を満たす必要はないと思ってはいけない。はっきり言って、それは大間違いだ。

礼儀やマナーは、人々が自分の価値を感じ取りたいという普遍的な欲求にもとづいている。つまり、礼儀やマナーは相手の重要性を認めていることを示す方法なのだ。

ある国の首相が訪米中に一閣僚との面会に訪れ、予定時刻から5分ほど待たされたとき、「彼とは別の機会に会えばいい」と言い残して立ち去り、外交面で大騒ぎになったことがある。

この首相はたった5分も待てないほど急いでいたのだろうか？

そんなことはあるまい。

その国と良好な関係を築くために数カ月にわたって外交努力を続けてきたのに、こんな

「ささいなこと」で台無しになるということがありえるだろうか？

だが、事態の収束に莫大な労力を要したことから考えても、それは十分にありえる。

もちろん、人はみな違う。ライフスタイルや食生活、服装、趣味など、人によってすべて異なる。しかし、すべての人に共通する願望がある。

すべての人は自分が重要な存在だと感じたがっているだけでなく、自分の重要性を他人に認めてほしいと思っているのだ。

私たちが求めているのは、自分の重要感を他人に満たしてもらうことである。言い換えると、**すべての人は自分の価値を確認するのを他人に手伝ってほしいのだ。**もし誰からもつまらない人物のように扱われたら、自分の価値を確認できなくなってしまう。

これこそが、「ささいなこと」が人間関係で非常に大きな意味を持つ理由である。

相手を軽んじる言動が大きな悲劇につながる

あなたは前述のエピソードについて、「たった5分待たされただけじゃないか」と反論するかもしれない。だが、たった5分、されど5分だ。要は、その5分の待ち時間が何を意味していたかである。待たされた側にしてみれば、相手が「この面会は形式的な行事だし、この人にはそんなに価値がない」と考えていた証しなのだ。

ちなみに、人々が離婚理由に挙げていることを知れば、滑稽に思えるものが多い。

「夫は一緒に外出すると、かわいい女性を目で追っている」
「夫は人前で私をからかって楽しんでいる」
「妻は私へのいやがらせとしてトーストをよくこがす」
「妻は私の食事より猫の餌を優先している」

どれもささいなことのように見えるが、「私はあなたを重要な存在だと思っていない」というメッセージを相手に送っていることになる。その結果、ささいなように見えることが結婚生活の破綻につながるのだ。

「大爆発のきっかけは小さな火花だ」という格言を肝に銘じよう。つまり、相手を軽んじるような言動が積もり積もって、とんでもない悲劇を招くおそれがあるということだ。

人々は承認を最も求めている

政府は外交交渉で「相手国を承認する」という言い方をする。承認とは、相手国の政府を正当なものとして認めるという意味だ。

その教訓を人間関係にも生かす必要がある。円満な人間関係を築くために、私たちは相手を心から認めなければならないからだ。実際、そうしないかぎり、どんな人間関係もうまくいかない。

心理学者のJ・C・スタール博士は多くの調査を分析し、企業に勤める人々の不満の原因を突き止めた。重要度の高いものから順に列挙しよう。

1　功績を認めてくれない
2　苦情を処理してくれない
3　励ましてくれない
4　人前で叱る
5　意見を求めてくれない
6　進捗状況を伝えてくれない
7　えこひいきをする

どの項目も経営者が従業員の重要性を認めていないことと深い関わりがある。たとえば、「功績を認めてくれない」という従業員の不満は、「君の仕事は取るに足らないから、認めるほどの価値はない」という経営者の姿勢のあらわれである。また、「苦情を処理してくれない」という従業員の不満は、「君はどうでもいい存在だから、どんな不満を持っていようと知ったことではない」という経営者の姿勢のあらわれである。

相手に重要感を持たせるための3つのルール

ルール1　相手を重要な存在とみなす

このルールは最も簡単に実行できる。すなわち、相手を重要な存在と認識することだ。それを実行すれば、あなたの思いはおのずと相手に伝わる。さらに、それによって小細工の必要性がなくなり、誠実な気持ちで相手と接することができる。形式的なルールをいくら実行しても意味がない。心の中で相手をつまらない存在とみなしているかぎり、相手に重要感を持たせることはできない。

よく考えてほしい。人より重要なものがあるだろうか？

実業家のヘンリー・カイザーは「**人とうまくやっていく第一のルールは、すべての人を重要な存在とみなすことだ**」と明言している。

デューク大学のJ・B・ライン博士は、それとまったく同じ意味のことをより科学的な言葉で表現している。20年以上にわたり研究を重ね、「**人間が論理の生き物というより感情の生き物だと気づけば、人間関係の技術は飛躍的に向上する**」と主張し、さらにこう言っている。

「当然、私たちの人間関係は、相手をどう認識するかにかかっている。相手をロボットか機械のようにみなすと、人との関わり方が利己的で一方的なものになりやすい。しかし、**相手を独自の価値を持つ存在として大切に扱うと、相手の意見や考え方に敬意を払うようになる**。その結果、相互の関心、理解、友情にあふれた、より高い次元の人間関係が可能になる」

人々に対して最も強い影響力を持つ人たちは、人々を重要な存在とみなす人たちである。

ルール2　相手に注目する

これも単純明快で基本的なルールである。あなたは「自分にとって重要なことにだけ気づいている」という事実について考えたことがあるだろうか？

実際、あなたは身の回りで起きていることのほんの一部しか見ていない。自分にとって重要なものだけを選んで注目しているからだ。

したがって、**相手にもっと働いてもらいたいなら、その人に注目すると効果的である。それによって相手に重要感を持たせることができる。**

ミシガン大学リサーチセンターの心理学者が科学的な研究をおこなった。どうすれば現場の作業員がより熱心に働き、生産性を上げ、よりよい仕事をするかを調べるためだ。その結果、作業員に関心を示す監督は、「もっと働け」と命令するタイプの監督よりも大きな成果を上げていることがわかった。

同センターは次のように指摘している。

「生産性を上げるためにプレッシャーをかけるやり方は、たしかに一定の効果が期待できるが、最高の結果を出すには作業員の内的なモチベーションを高める工夫が必要だ。つまり、一人ひとりが人間として大切にされていると感じる労働環境で、仕事の進め方にある程度の裁量を与えてもらうと、作業員はよりよい仕事をする」

一時期、バージニア州のハーウッド工場は離職率が高く、労働者を引き止めるのに苦労していた。そこで工場長はこの問題を解決するために有名な心理学者を呼んだ。その心理学者は人間の本性に関する専門家で、一人ひとりの労働者に注目し、彼らの重要性を認めていることを本人たちに伝えるよう工場長に指導した。

まず、人事部長は新規採用の労働者と面接し、生産工程を説明しながら一人ひとりの役割を明確に伝えた。次に、現場担当者が新人を仲間として扱い、仕事の手順をアドバイスした。この方法を実行したとたん、離職率はほぼゼロになった。

● 子どもにいたずらをやめさせる方法

幼い子どもは自分に注目してほしがる。どの親も「ねえママ、見て」「パパ、こっちに来て私を見て」という子どものセリフに聞き覚えがあるだろう。少年は泳ぎに連れていってもらうだけでは満足せず、「僕の泳ぎを見て」とせがむ。その様子は真剣そのものだ。

子どもは注目してもらいたいときに巧妙な方法を使うことが多い。ある少女は食卓に着いたとき母親に気づいてもらいたくて食事を拒否する。ある少年はどんなに努力しても親に気づいてもらえないと食器を床に落とす。

家族関係の第一人者、ルース・バービー博士によると、子どものいたずらの約9割は自分に注目してもらうためだという。さらにバービー博士は、「子どものいたずらの大半と指しゃぶりやおねしょなどの悪い習慣は、親が子どもにもっと注目してやると簡単に直すことができる」と指摘している。

犯罪学者によると、多くの犯罪、とくに世間を騒がせる大事件は、注目されたいという願望を満たされなかった人たちのなせるわざだという。彼らは自分の願望を満たすために凶悪犯罪に走り、メディアで大々的に取り上げられると、「これでやっと世間の注目を浴びることができた」とひそかに満足する。

●夫婦円満の秘訣

夫婦が配偶者に対して抱いている最も一般的な不満は何か？

配偶者への不満に関するアンケート調査がしばしば実施されると、いつも最上位にある不平が「注目してくれない」というものだ。

世の亭主族は、妻が新しい髪形に気づいてもらえないと、なぜ気持ちが傷つくのかが理解できない。一方、妻は新しい髪形に夫が気づかないのは、自分に注目していないからだと考える。結局、妻にしてみると、それは夫が自分を重要な存在だと思ってくれていない証しだという結論に達する。

●すべての人にスポットライトをあてる

なんらかのグループに対しては、一人ひとりの存在を認めることを心がけよう。ただし、それをやりすぎてはいけない。そんなことをすれば、グループのリーダーを軽んじることになる。その人をリーダーとして認めることによって本人の重要感も満たそう。とはいえ、リーダーだけでなく、そのグループの大多数の支持と好意が必要になるはずだ。

意外なことに、一人ひとりの重要感を満たすには少しずつ注目するだけで十分である。

妻を同伴している男性に対しては、妻にもある程度注目すべきだ。ただし、やりすぎると男性を軽んじることになる。妻の存在に気づいていることを示す程度でいい。そうすれば、妻は重要感が満たされ、あなたの考え方を夫に売り込んでくれるはずだ。

ルール3　相手に対して威張らない

あなたは人間の本性に関する基本的な事実を忘れないように気をつけなければならない。

ここで言う「人間の本性に関する基本的な事実」とは、**すべての人は自分の重要感を満たす必要があり、そのために自分の重要性を他人に認めてほしいと感じている**ことだ。この傾向そのものは中立的だから、それを上手に活用して成果を上げることもできるし、下手に使って損害をこうむるおそれもある。ちょうどナイフをうまく活用してパンを切ることもできるし、指を切ってしまうおそれもあるのと同じだ。

人と関わるとき、自分の重要性を相手に印象づけたいという誘惑に駆られやすい。意識しているかどうかに関係なく、私たちは相手に好印象を与えたいと思っている。誰かが「すごいことをした」と言えば、私たちはすぐに「自分のほうがもっとすごい」と言いたがる。誰かがおもしろい話をすれば、私たちはすぐにそれよりおもしろい話をしようとする。このように、私たちは自分の重要性を相手に印象づけたいあまり、相手を軽んじて自分をよく見せるための言動をする傾向がある。

この問題を解決する画期的な方法を紹介しよう。効果のほどは証明済みだ。

相手に好印象を与えたいなら、自分のすごさをひけらかす必要はない。相手に感銘を与える最も効果的な方法は、自分が相手に感銘を受けたと伝えることだ。

相手に感銘を受けたことを伝えると、相手はあなたを「感じのいい人」と判断する。しかし、尊大な態度をとって「あなたはたいしたことがない」と言うと、相手は「この人は愚かな頑固者だ」と確信する。

ある男性が2人の友人と話をしているとしよう。一方は話をよく聞いて「すごいね。どうやってそんなことができたんだ？」と興味を抱き、他方は「そんなのたいしたことないよ。俺のほうがすごいぜ」と言う。

どちらの友人が好印象を与えるだろうか？

この男性はどちらの友人が利口だと思うだろうか？

相手に感銘を受けたことを伝えると、相手に重要感を持たせることができる。だからといって、何かを奪われるわけではないし、媚びへつらったり卑屈な態度をとったりするわけでもない。ただ単に相手に敬意を示し、相手を認めているだけである。

●相手の間違いを指摘するのは必ずしも得策ではない

私たちが他人の間違いを指摘するとき、それはたいてい問題を解決したいからではなく、相手を批判して自分の重要感を高めたいからである。

そこで、**相手の間違いを指摘する前に、「相手が正しいかどうかは大きな意味を持つだろうか？」と自問しよう。**

もし相手の間違いが生死に関わるなら、それを指摘しなければならない。たとえば、相手がビンの中にマニキュア液が入っていると信じていて、あなたがその中に爆薬が入っていることを知っているなら、すぐに相手の間違いを指摘する必要がある。

しかし、もし相手が「地球と太陽の距離は1000万キロメートルだ」と主張しても、あなたが天文学者でないかぎり、それが正しいかどうかはどうでもいいことだ。

最近、小さなレストランのオーナーと著名な会計士を交えて食事をした。するとオーナーが会話の中で、「私はそんなに大金を稼ごうとは思わないね。だって、もし年収が10万ドルあっても、税金で90%持っていかれるから、手元にはたった1万ドルしか残らないじゃないか。でも年収が3万ドルなら、その半分の1万5000ドルが手元に残る」と言った。私がその会計士の顔を見ると、彼は平然として何も言わなかった。

私が食事の後で「なぜあのオーナーの間違いを指摘しなかったのか?」と尋ねると、彼はこう言った。

「君ならそれくらいのことはわかると思うのだがね。私が彼の間違いを指摘したところで、彼に恥をかかせるだけでなんの得にもならないんだよ。彼が正しいかどうかなんてどうでもいいことさ。彼は自分の主張を信じたいのだからね。もちろん、彼の年収が実際に10万ドルあって、私が税務を担当するなら、彼の間違いを指摘しなければならない。しかし、彼の年収は10万ドルもなく、自分の自尊心を満たしたかっただけさ。だから私がそれについてどうこう言うべきではないんだよ」

人望が集まる基礎知識❸

1 相手の重要感を満たすために最善を尽くそう。それによって自分が失うものは何ひとつなく、得るものばかりである。

2 約束の時間に遅れないといった「小さな礼儀」を軽んじてはいけない。小さな礼儀を大切にすることが、相手の重要感を満たすことにつながる。

3 私たちは身内の者をぞんざいに扱い、見ず知らずの人に礼儀正しく接することがよくある。家族や友人にこそ礼儀正しく接することを心がけよう。

4 他人が重要な存在であることを肝に銘じよう。誠意は必ず相手に伝わる。

5 大人であれ子どもであれ、もっと相手に注目しよう。そうすれば、相手の重要感を満たすことができる。

6 相手を軽んじ、尊大な態度をとって自分の重要感を満たそうとしてはいけない。

第4章

他人の行動と態度をコントロールする方法

神秘的な力で他人の行動と態度をコントロールする催眠術師の演技を見たことがあるだろう。

驚くかもしれないが、私たちもそれと同じくらい神秘的な力を持っている。といっても他人を催眠術にかけるわけではない。私たちは常に相手の行動と態度をコントロールしているからだ。ただ困ったことに、私たちはこの力を自分に不利な方法で使いがちであることを自覚していない。

一部の人は他人の行動と態度をコントロールすることに異議を唱えるかもしれない。だが、この章で紹介する心理学の法則を理解すれば、あなたは納得するだろう。**すべての人はたえず相手の行動と態度をコントロールしている**。要は、この心理学の法則を活用するか悪用するかである。

たとえば、相手の「理不尽」な振る舞いによって冷遇されたケースの約95%で、自分が「それを求めていた」ことを知って唖然とするだろう。あなたは相手の行動と態度をコントロールして、「自分を無作法に扱ってほしい」と頼んでいたのだ。

自分が求める行動と態度を相手にとらせるには

人間は相手の行動と態度に対して同じように反応するという心理学の法則がある。これについては神秘的な要素はないが、実行すれば驚異的な成果が得られる。このやり方は理にかなっている。すべての人は自分に用意された舞台で特定の役割を演じ、他人の自分に対する期待を反映した行動と態度をとるという無意識の衝動が働くからだ。

たとえば、きっと相手は扱いにくい人物に違いないと事前に思い込んでいると、あなたは心の中で戦う準備をして敵対的な行動と態度をとる。だが、そうすることによって、あなたは相手の行動と態度のおぜん立てをしていることになる。相手はあなたが用意した役割を演じるので、あなたは相手がやっぱり扱いにくい人物だと確信するが、相手をそうさせたのは自分の行動と態度であることに気づいていない。

私たちは他人と関わるとき、自分の行動と態度が相手の行動と態度に反映されているのを目の当たりにする。まるで鏡の前に立っているようだ。あなたがほほ笑むと相手もほほ笑む。あなたがしかめ面をすると相手もしかめ面をする。だが、この心理学の法則がどんなに重要であるかを認識している人はほとんどいない。

相手の怒りを鎮める方法

オハイオ州にあるケニオン大学言語研究センターはアメリカ海軍との共同研究で、人々は相手が見えないときでも、怒鳴られると怒鳴り返したくなることを証明した。

この共同研究で、電話や船内の通信装置で指示や命令を与えるときの最も適切な声の大きさを検証する実験がおこなわれた。話し手が簡単な質問をさまざまな大きさの声で投げかけたところ、いつもそれと同じ大きさの声で答えが返ってきた。話し手が小さな声で問いかけると、聞き手も小さな声で返事をした。話し手が大きな声で問いかけると、聞き手も大きな声で返事をした。

この実験でわかったのは、**聞き手は話し手の声の調子の影響から逃れることができない**ということだ。聞き手の声の調子は話し手の声の調子に合わせて変動したのである。

この科学的知識を応用すれば、相手の怒りを未然に防止することができる。このテクニックはふたつの有名な心理学の研究にもとづいている。

ひとつは前述の実験のとおり、自分の声の調子によって相手の声の調子をコントロールできるという事実だ。

もうひとつは、腹が立つから大きな声を出すのか、大きな声を出すから腹が立つのかという議論と関係がある。これは「卵が先か、ニワトリが先か」という議論と同じで、どちらも正しい。確実に言えるのは、大きな声を出せば出すほど、ますます腹が立つという事実だ。

心理学の研究によると、常に声を小さくすると腹が立たないことが証明されている。「静かに話せば、怒りは鎮まる」という聖書の戒めのとおりだ。

このふたつの事実を念頭に置けば、相手の感情を驚くほど上手にコントロールすることができる。**一触即発の状況に置かれたら、意識的に声の調子を下げよう。そうすれば、相手の声の調子を下げることができる。相手は声の調子を下げているかぎり、感情的になりようがない。**相手が怒ってからだと手遅れになるかもしれないが、相手が怒る前にこの方法を使えば、相手が怒りを爆発させるのを未然に防止することができる。

情熱は人から人へと伝染する

あなたは自分のアイデアや商品、計画に対して相手の情熱をかき立てたいだろうか？
もしそうなら、次の心理学の法則を覚えておく必要がある。

- **相手に示してほしい態度と行動をとる**

情熱は伝染しやすい。それと同様に、情熱がないのも伝染しやすい。

小売店に入ったとき、店員が退屈そうな表情を浮かべているのを見たことがあるだろう。そして、商品について尋ねると、その無気力な店員に「さあ、わかりません」と言われたかもしれない。

あなたはその態度に嫌気がさして何も買わずに立ち去ったに違いない。だが、その原因を分析すると、店員の情熱のなさが自分にも伝染して、買う気がなくなったというのが実情である。あなたは無意識に「この商品を売っている店員が情熱を持っていないのだから、客である自分がこの商品に情熱を持っても仕方がない」と考えたのだ。

最近、私はリールと釣り竿を買うために釣り具センターに行った。釣りには詳しくなかったが、新しいリールの評判を聞いて興味を持ったのだ。しかし、すぐに興味を失った。店員がまったく情熱を示さなかったからだ。

「このリールは評判どおりですか？」と私は尋ねた。

「そうだと思いますが、人によって意見はまちまちです」と店員は答えた。

「では、あなたの意見はどうですか？」

「えっ、私ですか？　わかりません」

「よく売れているのですか？」

「もちろん、買っていかれる方もいます。でも、よくわかりません。糸がもつれにくいので、アマチュアの方には向いているんじゃないでしょうかね」

結局、私は何も買わずに立ち去った。「何か不具合があるに違いない。そうでなければ、もっと売り込むはずだ」と思ったからだ。

数週間後、私はたまたまフロリダに出張し、週末に釣りをする機会があった。その際、道具一式をそろえてもらうために現地の小さな釣り具屋に行った。

「リールをお求めですか？」と年配の店主が言った。

「まだ決めていません。リールはアマチュア向きですよね？」と私は言った。

店主は私をまじまじと見て、「お客さん、投げ釣りがお好きじゃないのですか？」と尋ねた。

「いえ、やったことがないものですから」と私は言った。

「投げ釣りが好きじゃないなんて人は、頭がどうかしていますよ。こんな面白いものに興味を示さないなんておかしいですからね」と店主は言った。

店主があまりにもはっきりと物を言うので驚いたが、投げ釣りに対する彼の情熱はぶっきらぼうな話し方を打ち消すだけの力を持っていた。店主は投げ釣りの魅力にとりつかれている様子だったので、私は彼の情熱にほだされたのだ。そこで、ほほ笑みながら「投げ釣りの道具一式をください」と言った。

自分が情熱を持つまで、相手に商品を売ることはできない。
自分が商品に対して情熱を持つと、相手はそれを買いたくなる。

他人の情熱をコントロールできることを証明する最高の例は、「全米屈指のセールスマン」と呼ばれたフランク・ベトガーである。彼は29歳まで失敗続きで、うだつの上がらない人生を送っていた。彼は当初、顧客が商品に対して情熱を持つように働きかけていたが、あるときやり方を変えた。自分が商品に対して情熱を持つことを心がけたのだ。その結果、顧客も同じように情熱を持ち、商品を買ってくれた。彼はそれをきっかけにセールスマンとして大成功を収めた。

自信は信頼を生む

自分が情熱を持つと他人に情熱を持たせることができるのと同じように、自信満々に振る舞うと相手の信頼を勝ち取ることができる。

平凡な能力しか持っていない人が自信満々に振る舞う方法を学んだことによって、卓越した能力を持っている人より大きな成功を収めることがよくある。

人類史上、すべての偉大なリーダーは自信満々に振る舞うことの重要性を知っていた。ナポレオンは多くの点で人間関係のお手本を示したとは言えないかもしれないが、自信満々に振る舞うことが魔法のような効果を持っていることを熟知していた。最初の亡命の後でフランス軍が捕まえに来たとき、彼は逃げも隠れもせず、軍隊と対決するために果敢に出向いて行った。すると、彼の自信にあふれた態度は魔法のような効果を発揮した。彼は軍隊が自分の命令に従うことを確信しているように振る舞い、実際に兵士たちは彼の後ろについて行進した。

若き日のコンラッド・ヒルトンは、お金はあまりなかったが人望があった。実際、彼の「資産」は、約束を守るという評判と他人の信頼を勝ち取る能力だった。どんなに大きな障害が立ちふさがっても、ヒルトンは「絶対に失敗しない」と確信しているように振る舞った。

彼の自信にあふれた振る舞いは魔法のような効果を発揮し、「この男は絶対に失敗しない」という評価を得た。

ヒルトンが所有した最初の高級ホテルは、5万ドル足らずの自己資金で始められた。彼が設計図を描いているのを母親が見て「何をしているの？」と尋ねると、「巨大なホテルを設計しているんだ」と答えた。

母親が「いったいその費用はどこから出るの？」と尋ねると、ヒルトンは「ここさ」と言って指で自分の頭を軽くたたいた。そして、50万ドルの資金を集めることに成功した。だが、ホテルの見積もりを作成した建築家は「費用は少なくとも100万ドルかかる」と言った。すると彼はためらうことなく、設計図を完成させるよう依頼した。

その後、ヒルトンはホテルの建設を始めたが、そのためのお金がどこから来るかは見当もつかなかった。だが、彼は100万ドルのホテルを建てると周囲の人に話していただけでなく、それを本気で言っているように振る舞ったので、人々は「彼ならできる」と確信し、お金を貸した。

ヘンリー・フォードが会社の草創期の資金繰りを成功させたのは、自信にあふれた態度をとったからだった。彼はできるだけ多くの現金を手元に持っていた。そして、投資家と債権者が訪れるたびに、自分が持っている多くの現金を見せつけた。しかし、それが全財産だとは誰にも言わなかった。彼は何度も窮地に追い詰められたが、「自分は絶対に失敗しない」と確信しているように振る舞い、人々の信頼を勝ち取った。

自信にあふれた態度が人をひきつける

最近、全米販売役員協会のボブ・ホイットニー会長がこんなことを言った。

「セールスマンにとって自信にあふれた態度とは、銀行に預金がふんだんにあるようなものだ。**自信にあふれた態度をとり、自信にあふれた表情をすると、自信がみなぎるように感じる。さらに重要なのは、それによって見込み客が信頼を寄せてくれることだ**。私は平凡なセールスマンが驚異的な売り上げを達成するのを見てきた。彼らは自信にあふれた態度をとるすべを心得ていた。一方、セールスの理論を熟知しているのに、伸び悩んでいるケースも見てきた。彼らは自信にあふれた態度をとるすべを心得ていなかった」

有名なボブ・ベイル研究所の設立者、ボブ・ベイル所長によると、**自信にあふれた態度をとることは、自分の魅力を高めるための最も重要なことのひとつだ**という。

彼はこう言っている。

「情緒不安定で優柔不断な人を好きになる人はいない。**私たちが本能的に好むのは、自分が求めているものを知り、それを手に入れると確信している人だ。**人々は自信のない人や弱気な人を嫌う。堂々と振る舞い、目標へとまい進しよう。私は多くの人が自信にあふれた態度を意図的にとることで自分の性格を完全に変えるのを見てきた」

自分を信じているように振る舞えば、相手はあなたを信頼する。このことをよく覚えておこう。

ささいなことに本音が現れる

他人の心の中をのぞき込んで自信がどれだけあるかを見極めることはできない。しかし、**自信は微妙なかたちで現れる**。

自分が他人を信頼する理由を分析したことはないかもしれない。だが、これから紹介する「サイン」をもとに私たちは他人を無意識のうちに判断している。

1 歩き方

肉体の動きが心の姿勢を表している。肩を落として背中を丸めて歩いている人を見たら、その人は失意と絶望という重荷を背負っていることがわかる。精神的に落ち込んでいると、肉体的にも落ち込んだ姿になるからだ。

うつむき加減で歩いている人を見ると、その人は打ちひしがれていることがわかる。臆病な人はとぼとぼと歩き、自信を持って踏み出すのを恐れているのがわかる。

一方、自信にあふれた人は堂々と歩く。背筋を伸ばし、目を見開き、目標を見すえて真っすぐに歩く。

2 握手の仕方

握手の仕方で心の姿勢が思っている以上に伝わる。弱々しい握手をする人は自信に欠ける。自信のない人にありがちなように、そういう人が傲慢に振る舞うと虚勢を張っていることがわかる。逆に、必要以上に強く握りしめる人は、自信のなさを覆い隠そうとしている。自信があるように見せかけるために不自然な態度をとってしまうからだ。適度に強く握りしめることが、自信があることを伝える最善の握手の仕方である。

3 声の調子

私たちは他のどんな方法よりも自分の声を通じて自己表現をする。声は人間同士がコミュニケーションをとるために高度に発達した手段だ。

声は考えだけでなく気持ちを伝える。自分の声をよく聞いてみよう。それは希望と絶望のどちらを表現しているか？　知らず知らずのうちに不平を言うような口調で話すクセがついていないか？　自信を持って話しているか？　口ごもりながら話していないか？

相手を向上させる唯一の方法

多くの人は相手を向上させるために叱ったり脅したりする。しかし残念ながら、そういうやり方はうまくいかない。それどころか、事態を悪化させるおそれがある。

相手は人間の本性に関する基本原理に従い、自分に与えられた役割を果たそうとするから、あなたに非難されると、相手はあなたが失望していることを察知し、あなたの低い評価を反映した行動をとるのである。

イギリスの政治家ウィンストン・チャーチルは、人間関係の技術に関してまさに達人だった。彼は「**相手に美徳を身につけさせる最高の方法は、相手にその美徳を期待することだ**」と言っている。

人間の本性に関する基本原理

相手を信頼していることを知らせれば、相手は自分が信頼に値する人物であることを証明しようと努める。

ルイジアナ州のサンセットという小さな町に、地元の信託銀行の頭取を務めるロバート・カスティルという銀行家がいた。彼は担保も連帯保証人もなしに数百件の融資を認めた。未成年の高校卒業者に親の署名なしにお金を貸し出し、さらに300人以上の苦学生に学費を融資した。

この銀行は過去15年で総額50万ドルを超える莫大な融資をおこなったが、損失をいっさいこうむらなかった。この驚異的な実績の背景には、すべての債務者に「お金を貸してもらっているのは銀行が信用してくれている証しだ」という自覚を持たせていたことがある。ちなみに、この銀行は失業者に2000ドルを融資し、4年以内に全額を返済してもらっている。

最近、ある警官がこんな話をしてくれた。容疑者から情報を得る最善の方法は、「噂では君は喧嘩っ早くて何度もトラブルに巻き込まれたそうだが、けっしてウソをつかないというもっぱらの評判だ。私はそれを期待して面会している」と本人に告げることだという。

この警官は容疑者に正直者という美徳を期待することによって、真実を言わせることに成功しているのだ。

ハーバート・フーバー（第31代大統領）が第一次世界大戦中に価格統制委員会の委員長だったとき、中西部のある商人が価格統制に大きく違反しているという噂を耳にした。そこでフーバーは一計を案じた。その商人に「あなたを法令順守委員会の委員長に任命する」と電報を打ち、さらに、「あなたの町にいる他の商人たちが価格統制を順守するよう監督してほしい」と付け加えたのだ。

この電報は魔法のような効果を発揮した。

この商人は態度を改め、価格統制を厳守しただけでなく、他の商人たちもそれに従うように多大な時間と労力を費やして説得した。

つまりフーバーは、教師が問題児に対して使う常套手段を応用したのだ。問題児は教師から「これから数分間、教室を離れるので、戻ってくるまでクラスを監督してほしい」と言われると、期待に応えて監督役を務めようとする。

思想家のエマーソンが「**相手を心から信頼すれば、誠意を尽くしてくれる**」と言っているとおりだ。

試してみれば、これが単なる理論ではなく実際に効果があることがわかるだろう。

私たちはすべての人に対して同じ人物であるわけではない。老若男女を問わず、完全な善人や悪人はいない。どんな人でも性格的にさまざまな側面を併せ持っている。**たいていの場合、私たちが相手に見せる側面は、相手が私たちの中から引き出したものだ。**

だから、友人が誰かについて「あの人は強情なけちん坊だ」と言っていたからといって、自分もそういう先入観を持ってその人を判断するのは賢明ではない。友人はその人の強情な面を引き出したのかもしれない。本書の知識を活用すれば、あなたは相手の善良で寛大な側面を引き出すことができるはずだ。

人望が集まる基礎知識❹

1 気づいているかどうかにかかわらず、私たちは常に相手の行動と態度をコントロールしている。

2 まるで鏡の前に立っているように、相手はあなたの行動と態度を反映する。

3 相手に敵意を持つと、相手もあなたに敵意を持つ。相手を怒鳴りつけると、相手もあなたを怒鳴りつけたくなる。感情を抑えて冷静に振る舞えば、相手を怒らせることなく冷静に話し合うことができる。

4 情熱を持って振る舞えば、相手の情熱をかき立てることができる。

5 自信を持って振る舞えば、相手はあなたを信頼する。

6 情熱にあふれた態度をとることを心がけよう。情熱があるように振る舞えば、情熱があるように感じてもらうことができる。

7

自信にあふれた態度をとることを心がけよう。意見を言うときは堂々と話そう。背中を丸めると元気がないように見えるから、背筋をしゃんと伸ばそう。うなだれていると人生の敗残者のように見えるから、姿勢をしっかり正そう。これから大切な場所に行くつもりで、自信にあふれた歩き方をしよう。

第 5 章

相手によい第一印象を与える方法

音楽家は曲の最初の音を聞けば、その曲が何調で書かれているかをほぼ判別する。たいていの場合、曲は主音で始まるからだ。たとえば、もしその曲が変ロ調で書かれているなら、最初の音は変ロ音になる。また、大半の曲が同じ主音で終わる。

それが人間関係となんの関係があるのか？

大いに関係がある。

私たちが相手に接する際の最初の言葉と動作は、面会中ずっと「主音」のように鳴り響く。相手に対して冗談めかした調子で会話を始めると、途中で別の調子に変えることは非常に難しい。相手はあなたのことを真剣に受け止めようとしないからだ。

要するに、**自分が望む「主音」で会話を始めれば、相手の行動と態度を驚くほどコントロールすることができる。**たとえば、自分を真剣に受け止めてほしいなら、真剣な調子で始めよう。実務的なやりとりを望むなら、実務的な調子で始めよう。気楽なやりとりを望むなら、気楽な調子で始めよう。

ここで覚えておこう。**相手は状況に合わせて対応する**。**相手はあなたが設定した舞台で自分の役回りを演じる**。だからもし守勢に回りたくなければ、謝罪めいた卑屈な調子で会話を始めてはいけない。

たとえば、戸別訪問のセールスマンが主婦に対して、「お邪魔して申し訳ございません」とか「お時間はそんなにとらせませんので」と言うと、自分では気づかないうちに主婦の態度をコントロールしている。そのセールスマンは、主婦が邪魔をされて時間をとられている人の役割を演じる舞台を設定してしまっているのだ。

臆病な人は高級レストランに行って給仕係に「すみませんが、予約せずに来ましたので、ショーを間近で見られる席は空いていないでしょうね？」と申し訳なさそうに言う。その人は自分で気づかないうちに給仕係が「予約されていないのですから、あいにくショーを間近で見られる席は空いておりません」と返事する舞台を設定してしまっている。結局、その人は隅っこの席に追いやられる可能性が高い。

テレビやラジオ、映画で、「ライト、カメラ、アクション」という掛け声を聞いたことがあるだろう。その掛け声とともにライトが照らされ、カメラが回り、役者は演技を始める。だが、役者は好き勝手に演技をするわけではなく、自分に与えられた役割を演じる。役者はあらかじめ決められた役回りに従って演技していて、演じている雰囲気は舞台の設定に合っている。

自覚しているかどうかに関係なく、あなたは他人と関わるたびに特定の舞台を設定している。もしあなたが喜劇の舞台を設定するなら、相手がシリアスな役回りを演じることを期待すべきではない。また、もしあなたが悲劇の舞台を設定するなら、相手が陽気な役回りを演じることを期待すべきではない。

自分の最初の言葉、動作、態度が「主音」となることを肝に銘じよう。私たちは会議や商談で成果が上がらないとき、「どうしてうまくいかないのだろう」と不思議に思う。たいていの場合、その原因は最初のやりとりがまずかったことである。ちょうど短調の和音で始めておいて、なぜこの曲はこんなに物悲しいのだろうと首をかしげるようなものだ。

自分が求めているものに合わせた調子で始める

家族関係研究所の所長を務めるルース・バービー博士は、多くの夫婦の問題解決を手伝ってきた。最大の課題は、和解の「主音」が鳴り響くように夫婦を導くことだという。

妻は「夫が誠意を示してくれるなら、一緒に暮らしてもいいわ」と言う。

夫は「妻が歩み寄ってくれるなら、家の中に迎え入れてもいい」と言う。

バービー博士は「こんな雰囲気で夫婦を和解させようとしても無駄だ」と断言する。双方が敵意の「主音」を響かせているので、顔を合わせればまた口論になるからだ。だが、もしどちらか一方、理想的には双方が「関係を修復したい」という「主音」を響かせれば、ほとんどの困難を乗り越えることができる。

したがって、**どんな種類の話し合いを始めるときも、まず、「自分は何を求めているのか？　この話し合いがどんな展開になることを期待しているのか？　どういう雰囲気で話し合いをしたいのか？」と自問することが望ましい。**

第一印象を変えるのは至難のわざだ

相手の行動と態度をコントロールするもうひとつの方法は、第一印象が最も持続しやすいという事実を覚えておくことだ。たいていの場合、最初の出会いが「主音」を決める。それ以降、相手のあなたに対する印象を変えることは至難のわざだ。

先日、知人の女性と近所の商店主について話し合った。

「私はあの人がどうも好きになれません」と彼女は言った。「すごく気難しくて、奥さんに対する態度がひどいんですもの」

私はそれを聞いて驚いた。

「えっ、そんなことはないと思いますよ。彼はとても善良な人です。奥さんともうまくいっているようですし」

「あら、そうでしょうか」と彼女は言った。「あの人と初めて会ったとき、店先で奥さんにひどいことを言っていたのを覚えています。すごい剣幕で怒鳴っていましたよ」

「たぶん我慢できないことがあったのでしょう」と私は言った。「ふだんの彼はそんな人ではありません。誰だってたまには腹を立てることがありますからね。彼はとても温厚な人物ですよ」

「私にはそうは思えません」と彼女は言った。「奥さんにあんな言い方をする男性は好きになれないのです。ふだんどんなにいい人でも、私は絶対にいやですね」

私の知るかぎり、この商店主は大の愛妻家である。実際、彼ほど奥さんを思いやる男性を知らないし、奥さんもとても幸せそうに見える。しかし残念ながら、私の知人が初めて店先でその商店主と出会ったとき、彼は気難しい夫という「主音」を設定してしまったので、彼女の心の中ではいつまでもそういう人のままなのだ。

あなたは自己評価のとおりに受け入れられる

自分がどのように受け入れられるかは、あなた自身が最も責任を負っている。

多くの人は他人にどう思われるかをたえず心配しているが、自分が他人にどう思われるかは、自分の自己評価によるところが大きい。これも重力の法則と同じくらい確実な心理学の法則にもとづいている。

したがって、もしあなたが望みどおりに受け入れてもらえないなら、たぶんそれはあなた自身の責任である。自分がつまらない人物のように振る舞えば、世間の人はあなたの自己評価にもとづき、あなたをつまらない人物として扱う。逆に、自分が素晴らしい人物のように振る舞えば、世間の人はあなたの自己評価にもとづき、あなたを素晴らしい人物として扱う。

ここでひと言。**多くの人は尊大で高圧的な態度をとると自己評価が高いと思ってもらえると考えているようだが、実際にはその逆である。**

本当に自分を高く評価している人は、自分が素晴らしい人物だと相手を納得させるために尊大で高圧的な態度をとらない。自分は大人物だと勘違いして気取っている人は、大人物のように振る舞う必要性を感じているからそうするのだ。そういう人が大人物のように振る舞う必要性を感じているのは、心の中で自分は小人物だと思っているからである。つまり、自分を実際以上に大きく見せようとやっきになっているのだ。

本当に偉大な人物はけっしてそんなふうには振る舞わない。少しも気取らず、いつも自然に振る舞うのが彼らの特徴だ。

私たちは自分が思っているより利口だから、たとえ顕在意識では他人の偽装を即座に見破れなくても、潜在意識ではそれができる。私たちは潜在意識の中で、大人物ぶって振る舞っている人が自分自身のことをよく思っておらず、見せかけだけの人物であることを直感的に見抜いている。


たとえば、自分の写真を新聞に載せてもらうためにやっきになっている男性がいる。実際に自分の写真が新聞に載ると、それを何百部も取り寄せて友人や知人に送りつける。先日、私はこの男性について友人と話をした。じつは、彼はこの友人にも新聞の切り抜きを送っていた。

「いろいろ考えたのだが」と彼は前置きして言った。「この男性はそこまでして自分が大人物だと私に思ってほしいのか、自分にそう言い聞かせたいのか、どちらなのだろう？」

他人をけなす人は悪い印象を与える

人々はあなた自身の自己評価をもとにあなたを判断するだけでなく、あなたが自分の仕事や同業者に対してどういう評価をしているかをもとにあなたを判断する。

聖書に「裁かれたくなければ、裁いてはいけない」という教えがある。これは人間関係に関する名言である。**私たちは何かを裁くたびに、自分を裁くきっかけを他人に与えてしまうのだ。**

多くの離婚訴訟を扱ってきた弁護士が、こんなことを言った。

「夫や妻が配偶者のいやな部分について話すたびに、その配偶者よりその人自身のいやな部分があらわになっているように感じる」

つまり、**他人についてネガティブな発言をすると、自分について悪い印象を相手に与える結果になるのである。**

ニューヨークで職業安定所を営むウォルター・ローウェン所長は、高給が得られる仕事を相談者に紹介することで知られている。彼は30年以上にわたって実績を上げてきたベテランである。

彼が相談者にアドバイスしていることのひとつは、「新しい雇い主と面接しているときに前の雇い主に対する不満をぶちまけてはいけない」ということだ。

前の雇い主を批判して新しい雇い主に取り入りたくなるのはわからないでもない。前の職場で不当な扱いを受けたことを愚痴りたくなるのも理解できる。だが、ローウェン所長は「それは絶対にしてはいけない。**不平を言う者を雇いたがる人はいないことを肝に銘じるべきだ**」とクギを刺している。

不平を言う人と一緒にいたとき、あなたは不快な気分になったに違いない。実際、**不平不満を並べる人の人望のなさは、誰もが知っているとおりだ。**

あなたは自分の仕事や職場をどう評価しているだろうか。仕事先と職務内容を尋ねられたとき、申し訳なさそうに「ええまあ、○○銀行で○○係として仕方なく働いています」

と答えるか、誇らしげに「はい、〇〇銀行という素晴らしい職場で〇〇係として一生懸命に働かせてもらっています」と答えるか。後者の答え方なら、相手はあなたに好印象を抱くだろう。

出身地を尋ねられたとき、恥ずかしそうに「退屈な片田舎の出身です」と答えるか、「〇〇という素晴らしい地域の出身です」と答えるか。後者の答え方なら、相手はあなたに好印象を抱くだろう。

「私の上司はダメな人だ」とか「自分のしている仕事はつまらない」などと言うと、聞いている人は「あなたがダメな人だから、ダメな上司の下でつまらない仕事をしているのだ」と思うに違いない。

セールスにたずさわっている人に注意しておこう。ライバルをおとしめると顧客に嫌われることを知らないセールスマンが多すぎる。相手に好印象を与えたいなら、ライバル社やライバル社の商品をけなしてはいけない。そんなことをするのではなく、自社の商品に焦点を当てて、それを称賛しよう。

人々はネガティブな話し方を嫌うだけではない。**あなたはネガティブな舞台を設定し、ネガティブな雰囲気をつくっている**。だから見込み客が買ってくれないのだ。しかも、見込み客は心の中で「ライバル社の商品のほうがいいのではないか。そうでなければ、この人がそれを恐れてこき下ろすはずがない」と勘繰る。

相手に「イエス」と言わせるコツ

自分でネガティブな舞台を設定しておきながら、相手が「イエス」と言ってくれることを期待してはいけない。心理学で明らかにされた、**相手にイエスと言わせるための最善の方法は、相手を「イエス」と言いたくなる気分にさせることだ**。**それにはネガティブな雰囲気ではなくポジティブな雰囲気をつくる必要がある**。

1つめのやり方として、相手に複数の予備質問に対して「イエス」と答えさせるといい。たとえば、「この色は美しいですよね?」「この出来栄えは素晴らしいと思いませんせんか？」といった予備質問を投げかけて何度も「イエス」と答えさせると、決定的な質問に対しても「イエス」という答えを引き出すのがたやすくなる。

ただし、「イエス」という答えは否定的になる場合があるから要注意だ。ある人は私のアドバイスを実行しようとして失敗した。彼はたいへん悲観的でネガティブな考え方をするので、「イエス」という答えを引き出す質問をしているのに、それが相手をネガティブな気分にさせてしまったのだ。

たとえば、「今日はひどく暑いですね？」と彼が見込み客に尋ねると、相手は「イエス」と答えた。「世界情勢はたいへん厳しいですね？」と彼が尋ねると、相手は「イエス」と答えた。「こんなに景気が悪いと、本当に困ってしまいますよね？」と彼が尋ねると、相手は「イエス」と答えた。

たしかに彼は相手から「イエス」という答えを引き出したが、ネガティブな雰囲気をつくってしまったのである。結局、見込み客はネガティブな精神状態に陥り、何かを買いたいという気分にはならなかった。

悲観的で陰気な精神状態に陥ると、人々は何も買わないし、アイデアを受け入れなくなる。用心深くなってためらうからだ。逆に、**楽観的で陽気な精神状態になると、人々は何かを買ってくれるし、アイデアを受け入れる。**おおらかな気持ちになって前向きになり、冒険をしたがるからだ。

相手に「イエス」と言わせる2つめの方法は、「イエス」と言いたくなるような質問の仕方をすることである。たとえば、「これはお好きですか？」ではなく「これはお好きだと思いますが、いかがですか？」と尋ねるといい。「この色はお好きですか？」ではなく「これは綺麗な色だと思いますが、いかがでしょうか？」とか「この色は本当に綺麗ですよね？」と尋ねるといい。

相手に「イエス」と言わせる3つめの方法は、質問をしながら肯定的にうなずくことだ。自分の動作が相手の動作に影響を与えることを思い出そう。

自分が求めていることを相手がしたがっていると期待する

前出のアルバート・ウィガム博士は「**自分が求めていることを相手がしたがっていると期待することほど強力な自己暗示はほとんどない**」と言っている。

ナショナル・バンカーズ生命保険の社長を務めるピアース・ブルックス博士は、他人に何かをすすんでさせるのが最も上手な人の一人である。

ブルックス博士がメソジスト教会タイラーストリート支部の会長だったとき、日曜学校の参加者が急増し、世界中のメソジスト教会の中で新記録を樹立した。快挙を達成するには多くの人の努力と協力が必要だった。彼がテキサス州安全協会の会長だったとき、ダラスは安全に関する新記録を樹立し、全米で最も治安のいい都市として知られるようになった。全米障害児財団を設立したとき、彼は私財をなげうっただけでなく、他の多くの実業家にも同じようにさせることに成功した。とくにその中の一人は自分が所有する会社のひとつの収益を丸ごと財団に寄付した。彼は人を動かす能力によって成功者になっただけでなく、多くの民間団体と慈善団体のリーダーになった。

ブルックス博士に人を動かす秘訣を尋ねたところ、こんな答えが返ってきた。

「私は誰かに何かをしてほしいとはめったに言いません。**私はその人がそれをしたくなる理由を見つけ、その人がそれをやりたがることを期待するようにしています**。そして、**その人がそうしてくれるのを確信していることとその人の能力を信頼していることを伝え、あとはその人の自主性に任せています**。その人の様子をたえず監視すると、相手を信頼していない証しになりますから、そんなことはしません。私は相手が素晴らしい仕事をしてくれることを期待しています。その結果、失望するようなことはまずありません」

さらにブルックス博士は販売の最高のテクニックのひとつとして、相手が買ってくれることを期待するという方法を紹介している。

それが効果的なのは、私たちが自分に寄せられた期待に応えたいという強い願望を持っているからだ。

子どもの口答えを防ぐ方法

子どもにはこんなテクニックを試すといい。口論になる言葉を使わないようにするのだ。

たとえば、子どもを寝かしつけたいなら、「ねえ、もう遅いから、早く寝たらどうなの」と言ってはいけない。あるいは、子どもに昼寝をさせたいなら、「ずいぶん遊んだから疲れたでしょう。少しお昼寝をしたらどう?」と言ってはいけない。

このような言い方は子どもが口答えすることを想定している。つまり、子どもが早く寝たがらず、昼寝をしたがらないという前提で話しているのだ。

そこで、子どもの目の前にパジャマを用意し、頬にお休みのキスをして「お休みの時間よ」と言ってみよう。あるいは、30分ほど昼寝をしてほしいなら、昼寝の開始時間にアラームをセットし、アラームが鳴ったら「さあ、お昼寝の時間よ」と言うといい。

もちろん、このやり方がいつもうまくいくとはかぎらない。とくに今までずっと子どもが口答えすることを想定していた場合はなおさらだ。しかし、このやり方は頼み込んだり叱りつけたりするよりずっと効果的だし、イラつくこともない。

人望が集まる基礎知識❺

1 他人と関わるとき、話を始める前に「主音」を設定するのはあなた自身である。

2 フォーマルな「主音」で始めると、フォーマルな面会になる。友好的な「主音」で始めると、友好的な面会になる。ビジネスライクな「主音」で始めると、ビジネスライクな面会になる。謝罪めいた「主音」で始めると、相手はずっと謝罪を迫るおそれがある。

3 あなたが相手に与える第一印象は、相手があなたに対していつまでも抱く「主音」となる可能性が高い。

4 人々はあなたの自己評価にもとづいてあなたを受け入れる。自分をつまらない人物だと思うのは、自分を軽んじてほしいと相手に頼んでいるのも同然だ。

5 相手に好印象を抱かせる最高の方法のひとつは、相手に感銘を与えようとやっきになることではなく、相手に感銘を受けたと本人に伝えることである。

6 人々はあなたが自分に対して抱いている見解だけでなく自分の仕事や職場、ライバル社に対して抱いている見解にもとづいてあなたを判断する。

7 ネガティブな発言はネガティブな雰囲気をつくり出すので、他人をこき下ろしたり何かについて不平を言ったりするのは得策ではない。

8 相手にどんな頼み方をするかが、相手の答え方の「舞台」や「主音」を設定する。だから「イエス」という答えを求めているのに「ノー」という答えが返ってくるような質問をしてはいけない。また、トラブルを想定しているような質問や指示をしてはいけない。それではトラブルを求めているようなものだ。

Part 2

友情をはぐくんで相手を味方につける

第6章

人々をひきつける3つの条件

魅力的な性格の秘訣は何だろうか。人々をひきつける人は誰の周りにもいる。私たちはよく「あの人は人々をひきつけるものを持っている」という言い方をする。この表現は言い得て妙である。人々が好いてくれるように強要することはできないが、人々をひきつけることはできるからだ。ただし、それには人間の3つの基本的欲求を満たす必要がある。

玄関先に骨付きステーキを置いておけば、近所の犬は自然に寄ってくる。それと同様に、この章で紹介する3つの基本的欲求を満たせば、人々はおのずと寄ってくる。

人々をひきつける3つの条件

正常な人なら誰もが持っている3つの基本的欲求を紹介しよう。「友情をはぐくんで相手を味方につけるための3つの条件」と言い換えてもいい。その内容をよく理解したうえで活用すれば、多くの人をひきつけることができる。

第1の条件 相手を受け入れる

誰もがあるがままの自分を受け入れてほしいと強く思っている。しかし、人前でありのままの自分をさらけ出すだけの勇気のある人はほとんどいない。そこで、**私たちは一緒にいて自分らしくいられる相手を求める。そういう人といると、ありのままの自分を受け入れてもらえるように感じるからだ**。逆に、たえず他人のあら探しをし、欠点を直すためのアドバイスまでするような人は、親友を見つけることができない。

他人がどう振る舞うべきかについて厳格な基準を設定してはいけない。**自分らしく振る舞う権利を相手に与えよう**。その人が少し変わっていてもいい。相手が自分と同じように振る舞い、自分と同じものを好きになるように主張してはいけない。一緒にいるときは相手がくつろげるように気を配るべきだ。

興味深いことに、**相手をあるがままに受け入れて好きになる人こそが、相手の行動を改善するだけの影響力を持つ**。結婚を機に好人物に変身した男性をよく見かける。彼らにその理由を聞けば、「妻が不平を言わずに自分を信じてくれたから、改心しようと思った」と打ち明けるだろう。

ある心理学者がいみじくも言ったように、**他人を変える力を持っている人はいないが、相手をあるがままに受け入れると、自分を変える力を相手に与えることができる。**

精神科医の診察を受けると、患者にどんな変化が起こるか考えたことがあるだろうか。周囲の人とうまくいかずに問題を抱えた人物でも、週に2回ほど診察室に通って医者と話をするだけで「治る」のである。

最近、有名な精神科医とディナーパーティーで出会った際、相手を受け入れることに話がおよんだ。すると、その精神科医は私にこんなことを言った。

「もし人々が周囲の人を本当に受け入れたら、私たち精神科医はすぐに失業してしまうでしょう。精神科の治療の基本は、患者が自分を受け入れてくれる人、つまり医者を見つけることだからです。患者は人生で初めて心を許し、自分を恥じていることを告白しますが、医者はそれに対して驚いたり道徳的な判断をくだしたりせず、じっくり話を聞きます。自分の恥ずべき性格や行為にもかかわらず受け入れてくれる人を見つけたので、患者は安心してよりよい生活に向けて第一歩を踏み出すことができるというわけです」

●結婚式の誓いを実現する方法

ルース・バービー博士によると、夫婦が「よい時期も悪い時期も、この人とともに歩み続けます」という結婚式の誓いをしっかり守れば、不幸な結婚生活の大半は避けることができるという。

バービー博士は「**相手をあるがままに受け入れることが不可欠だ**」と力説し、さらにこう言っている。

「相手を受け入れるといっても、妥協するということではありません。**要は、相手を価値のある人間として認めるということです**。つまり、相手が何をするとかしないとかではなく、相手の人間性を肯定することが大切なのです」

すべての人が必要としているのは、自分を無条件で受け入れてもらうことだ。もちろん、誰からも受け入れられる人はいないし、それをめざすのは現実的ではない。だが、すべての人が誰かに受け入れてほしいと願っているのは事実だ。

誰にも受け入れてもらえないことほどつらいものはない。実際、世界を敵に回して戦う無慈悲な人ですら、自分を受け入れてほしいと思っている。ヒトラーがその典型だ。彼はいつも自分を崇拝する少数の人たちに囲まれ、どこへ行くにも取り巻きを連れていた。

● 受け入れられないことの悲劇

現代社会の悲劇のひとつは、自分を受け入れてほしいと思うことが、時として反社会的行為につながることだ。たとえば、未成年者の非行グループが数多く結成されている背景には、彼らが世間からつまはじきにされ、非行グループの仲間内だけで受け入れられ、そこで自分たちの重要感を満たしていることがある。

もうひとつの悲劇は、囚人が出所したとき、心機一転して出直そうと思っているかもしれないのに、前科者として一般社会で受け入れてもらえないことだ。その結果、彼らが受け入れてもらえるのは、犯罪者と前科者の集まりだけになってしまう。

● 夫を成功させる方法

多くの偉大な実業家が「男性を昇進させる前に、その奥さんを見極める」と言っている。彼らが関心を寄せているのは、男性の妻が美人かどうかとか料理がうまいかどうかより、夫に自信を与えているかどうかだ。

ある企業の社長はそれをこう表現した。

「**妻が夫を受け入れ、愛されていることを実感させるなら、夫は帰宅するたびに自信を注入してもらうようなものです**。夫は『妻がそんなに愛してくれているなら、自分は価値のある存在だ』と確信することができます。もし妻が信じてくれているなら、夫は『自分は必ずいい仕事ができる』と確信し、翌日、自信にあふれて仕事に取り組むことができます。

しかし、帰宅するたびにガミガミ言う妻と顔を合わせると、夫はやる気を失ってしまいます。いつも不満だらけの妻の態度は伝染するので、夫は自分を信じられなくなり、『いい仕事ができない』と思い悩むようになるのです」

さらに、**夫を受け入れている妻は、夫に大きな自信を与えるだけでなく、寛容の精神を身につけさせることができる**。妻が夫を受け入れると、夫が自分自身をより好きになるのを手伝うことができるからだ。その結果、夫は気分がよくなり、他人に思いやりを持つようになる。

一方、いつも小言を言っている妻は、自分が望んでいるものと正反対のものを手に入れるはめになる。夫が自分自身を嫌いになってしまうからだ。夫の自尊心が低下すればするほど、夫はいらついて妻のあら探しをするようになる。

もちろん、私が妻について述べたことは夫にもあてはまる。実際、多くの男性は女性より小言を言う傾向があり、しつこくあら探しをするので妻の欠点がやたらと目につく。その結果、妻は自己嫌悪に陥り、自尊心が低下して夫にたえずガミガミ言うようになる。

第2の条件 相手を認める

すべての人が自分を認めてほしいと強く思っている。人はみな承認願望を持っているからだ。

相手を認めることは、相手を受け入れることよりさらに進んだものだ。相手を受け入れることはややネガティブである。「欠点があるけれども受け入れる」という意味だからだ。一方、相手を認めることはポジティブである。それは相手の欠点を辛抱することを超えて、積極的に長所を見つけることだからだ。

あなたは相手の中に認めるべきものを常に見つけることができるし、相手の中に認めるべきではないものも常に見つけることができる。それは何を探し求めるかによる。もしあなたがネガティブな性格なら、相手の欠点をたえず探し求めるだろう。だが、ポジティブな性格なら、相手の長所を常に探し求める。

ネガティブな性格の人は相手の中にある最悪のものを引き出してしまう。相手の欠点に焦点をあてるからだ。しかし、**ポジティブな性格の人は認めるべきものに焦点をあてるので、相手の長所を引き出すことができる。人々は他人に認めてもらうと気分がよくなり、さらにいい気分になるために他の資質も伸ばしてもっと認めてもらおうと努める。**

● 手に負えない子どもを更正させる方法

最近ある心理学者が、「手に負えない」というレッテルを貼られた少年が自分のもとに連れてこられたときのエピソードを紹介してくれた。その少年はひどく不機嫌で、最初は口をきこうとすらしなかった。だが、その心理学者は少年の父親から「他の子どもたちと違って、この子には長所と呼べるものがひとつもありません」と聞かされ、子どもの心をつかむきっかけを得た。

心理学者が少年の中に認めるべきものを探し始めたところ、いくつか見つかった。少年はとりわけ彫刻が大好きだったのである。しかし、家ではたびたび家具に彫刻をして親に叱られていた。そこで心理学者は彫刻刀と板を準備した。そしてしばらく様子を見て、「素晴らしいね。君は彫刻がとても上手だ」と言った。

その後、心理学者は少年の他の長所をいくつか認めたところ、少年は言われなくても自分から部屋をきれいにして周囲の人を驚かせた。心理学者がその理由を尋ねると、少年は「部屋をきれいにすれば、もっと認めてもらえると思った」と答えた。

●相手の意外な長所をほめる

すべての人が自分をほめてほしいと強く思っている。しかし、相手のその欲求を満たすために大きなことをほめる必要はないし、当たり前のことをほめても効果はあまりない。たとえば、株の仲買人に株の売買の能力をほめても、本人はなんとも思わないだろう。単なるお世辞として受け止めるだけである。だが、もし料理の腕前をほめたら、その人は感激してあなたに好意を抱くに違いない。

人をほめるときのひとつのルールは、目立たない長所をほめることだ。たとえば、たくましい肉体を持っている男性は、日ごろその事実を自覚しているから、他人にそれを認めてほしいとはあまり思っていない。だが、その人は目立たない長所を持っているかもしれないから、それを見つけてほめれば、その人はとても嬉しそうな顔をするはずである。

第3の条件　相手を尊重する

すべての人は自分を尊重してほしいと強く思っている。「尊重する」というのは、相手の価値を高く評価するという意味だ。**すべての人は自分の価値を高く評価してくれる人を常に探し求めている。**

最近、ピアース・ブルックス博士が、自らが経営する保険会社が成功した大きな要因は、「当社は外交員を尊重する」という社是にあると言った。私が「なぜこんな単純な社是が奇跡的な成果をもたらしたのですか？」と尋ねると、ブルックス博士はこう説明した。

「当社は外交員を尊重し、それを一人ひとりに伝えています。当社は会社の成功が外交員の成功にかかっていることをよく知っています。どの外交員も大切な人材です。当社は彼らを業界随一の逸材とみなし、実際にそのように扱っています。**相手の価値を高く評価すると、相手はさらに価値のある存在になり、ますます大きな成果を上げてくれます**」

・相手を尊重していることを本人に伝える

配偶者、子ども、経営者、従業員、顧客など、周囲の人が自分にとってどれだけ価値があるか考えてみよう。

次に紹介するのは、相手を尊重していることを示す方法である。その気になれば、もっと思いつくはずだ。

1 できるかぎり相手を待たせない。

2 すぐに面会できない場合、相手の来訪を確認していることを本人に知らせ、なるべく早く面会する。

3 相手に感謝する。

4 相手を特別扱いする。

4つ目の項目については少し付け加える必要がある。

人間にとって最も軽んじられたと感じるのは、ぞんざいな扱いを受けたときだ。すべての人は自分の価値を認めてもらい、自分を特別扱いしてほしいと思っている。

たとえば、ある女性が「この男性は他の女性にも同じことを言っている」と気づくと、軽んじられたと感じる。誰もが「君は特別な存在だ」と相手に言ってほしいのだ。

ブルックス博士が、新しい支店の開設にともなって多くの見込み客に案内状を送ったときのエピソードを紹介してくれた。冒頭のあいさつを「お客様各位」で始めたところ、返信はほとんどなかった。そこで、「ジョン・スミス様」というように相手の名前を明記して案内状を再送付したところ、かなり多くの返信があったという。

● 一対一で話しかける

人々は「顧客」とか「大衆」とひとくくりにされるのを嫌い、重要な顧客や人物として認められたいと思っている。

たとえば、「客なんて、みんな同じだ」と言う商人は、倒産への道を突き進んでいる。

また、「男なんて、みんな似たり寄ったりだ」と思い込んでいる女性は、いつまでも縁遠いだろう。

多くの商人は人々を「顧客」として十把ひとからげに扱いがちだが、それではうまくいかない。**どんな商売であれ、「顧客」という抽象的な存在を扱っているのではないことを肝に銘じよう。**あなたが扱っているのは、一人ひとりの生身の人間だ。「大衆」という抽象的なものは存在しない。世の中は個性を持った一人ひとりの人間で成り立っているのだ。

●すべての人は自分を大切にしてくれる人を好む

すべての人は自分を特別扱いしてくれるレストランに行くのが好きだ。といっても、そんなにたいそうなことである必要はない。「ジョーンズさん、今夜は羊の肉をご用意しております」と給仕係に名前を呼んで迎えてもらえるだけで満足できるのだ。

さらに給仕係が「当店ではめったにこんなことはしないのですが、今回は特別サービスをさせていただきます」と言えば、誰でも大喜びする。

レストラン以外でもそうだ。たとえば、デパートの洋服売り場でこんなふうに言われたら、あなたはさぞかし感動するに違いない。

「スミスさん、この件につきましては当方が適切に処理して、お求めのものが手に入るように全力を尽くさせていただきます」

「このドレスを着こなせる方はめったにおられませんが、お客様ならとてもお似合いだと思います」

大人だけでなく子どももこの魔法にかかる。**子どもは他の子どもたちと同じように扱われるのを嫌い、個性を持った存在として扱ってほしいと思っている**。他の子どもと比較してはいけない。そんなことをすれば、子どもの自尊心を傷つけるだけだ。

子どもを紹介されたら、銀行の頭取を紹介されたのと同じ気持ちで接しよう。単に「やあ、元気？」と言うのではなく、「こんにちは、ディック。君に会えてとても嬉しいよ」と言おう。

相手の心の飢餓感を満たす

自然界から教訓を学ぼう。花はミツバチをひきつける方法を熟知し、授粉を手伝ってほしいと思っている。花はミツバチを必要としているが、懇願や説教をするのではなく、数滴の蜜を与えるだけだ。花はミツバチが蜜に飢えていることを知っている。ミツバチにとって、蜜は飢餓感を満たす重要な食料なのだ。

魅力的な性格の持ち主を分析すると、その人も相手の心の飢餓感を満たす重要な「食料」を提供していることがわかる。

「蜜は酢より多くのミツバチをひきつける」という格言がある。求めているものを手に入れるために甘言で釣るという意味に解釈されがちだが、蜜がミツバチをひきつけるのは、蜜がミツバチの求める重要な食料だからだ。蜜の入った皿を置いておけば、策を弄(ろう)さなくてもミツバチは自然に寄ってくる。

それと同様に、この章で紹介した3つの条件を満たせば、人々は必ずあなたを慕って集まってくる。

人望が集まる基礎知識❻

1 魅力的な性格の秘訣は、人々が求めてやまないものを提供することである。ミツバチが蜜を求めているように、人々は心の中で飢えているものを求めている。すなわち、自分の自尊心を満たすことだ。

2 人々をひきつける3つの公式を活用しよう。

①相手を受け入れる。人々をあるがままに受け入れよう。人々が自分らしくいられるように気配りをすることが大切だ。完璧な人でないと好きになれないと主張してはいけない。

②相手を認める。相手の中に認めるべき長所を探し求めよう。ささいなことのように思えるものでも、それを認めていることを相手に伝えるといい。相手はあなたが認めてくれていることを知って気分をよくし、もっと認めてもらうために行動を改善するはずである。

③相手を尊重する。相手を尊重するというのは、相手の価値を高く評価することだ。相手の価値を高く評価していることを伝えよう。相手に感謝し、相手を待たせず、相手を特別扱いしよう。

第7章

相手とすぐに打ち解ける方法

誰とでもすぐに打ち解ける人に出会ったことがあるだろう。たとえば、電車で隣に居合わせた初対面の人と仲良くなって談笑する人がそうだ。そういう人が見込み客を訪問すると、相手は親しみを感じて取引に応じる。

一方、知り合ってみると「いい人」なのだが、親しくなるまで時間がかかる人もいる。前者はすぐに相手の親愛の情をかき立てる魔法を持っているようだが、後者の「とっつきにくい」タイプは大損をしている。彼らが心の準備をしているあいだに、すぐに打ち解ける人は相手と素早く取引をして仕事を済ませるからだ。

すぐに打ち解ける人の秘密

この種のすぐに打ち解ける人について私が初めて学んだのは大学時代だった。当時、女の子に関してとても内気で、かわいい子を見るとデートに誘いたくなるのに、「どうせ相手にしてくれないだろう」と自分に言い聞かせていた。「きっと私のことをあつかましいと感じるに違いない。たぶんハンサムな男子学生と付き合っていて、私とデートしてくれるはずがない」と思い込んでいたのだ。

そこで私は、誰かに女の子を紹介してもらう方法と、その際に言うべきことを考えた。ときには勇気を振り絞って初対面の女の子と会話をしようとするのだが、あらかじめ準備しておいたことをたどたどしく話すと、相手の女の子は9割くらいの確率で私の予想どおりの反応を示した。すなわち、イライラして気分を害するか、私のぎこちない態度を見て楽しむかである。

一方、私のルームメートはまったく違っていた。彼は誰とでもすぐに打ち解けるタイプで、初対面の女の子に平然と歩み寄って会話を始め、2分ほどで恋人同士のように笑いながら話していた。誰も彼のことを「あつかましい」などと非難せず、むしろ彼の大胆な態度に好感を抱いているようだった。

ある日、彼に秘訣を聞いたところ、「**自分のことを相手が好いてくれると信じることが大切だ**」と教えてくれた。私はそれを手がかりにもっとよく観察した。彼は校内で女子にも男子にも人気があった。誰もが彼を好いていて、教授たちにも人気があった。他の学生なら教室から放り出されるようなことをしても、教授たちはただ笑って「面白いやつだ」と思っているようだった。彼を観察していると、いつも相手の友好的な反応が得られるという前提で行動していることに気づいた。自分のことを相手が好きになってくれると信じているから、彼は好かれているように振る舞ったのだ。

私が彼について気づいたもうひとつのことは、相手が友好的な態度をとることを確信していたので人を恐れなかったことだ。だから彼は身構えずにいつも自然に振る舞っていた。

相手を恐れると、相手は身を遠ざける

人とすぐに打ち解けて親しくなるうえで、最大の障害のひとつは恐怖心である。相手が好いてくれないことを恐れていると殻の中に閉じこもったようになりやすいので、相手と親しくなることができない。態度は相手に伝染するから、相手も心を閉ざしてしまうこと

になる。

人間関係の分野で最も確実に言えるのは、相手が好いてくれないと思い込んでいると、その信念を実体験しやすいということだ。だが、もし相手が好いてくれると確信すると、その信念は現実になる公算が大きい。

相手に冷たくあしらわれるかもしれないという恐怖心を乗り越えよう。リスクをとって自分から友好的な態度をとろう。それがいつもうまくいくとはかぎらないが、見込みはかなりある。

あなたと同様、ほとんどの人が相手に好意を求めている。それは普遍的な欲求である。相手が友好的に見えるとはかぎらないのは、相手があなたに拒絶されるのを恐れているからだ。

相手が友好的な態度をとってくれるのを待つのではなく、自分から率先して友好的な態度をとろう。おそらく相手も友好的な態度をとってくれるはずだ。

笑顔は奇跡を起こす

前出の大学時代のルームメートについて気づいたもうひとつのことは、いつも顔に笑みを浮かべていたことである。実際、彼ほど笑顔を振りまく人に出会ったことがない。初対面の相手とすぐに打ち解ける人を思い浮かべると、いつも顔に笑みを浮かべている人であることに気づくはずだ。そういう人はとても明るいし、よく笑う。心のこもったほほ笑みは、相手の親愛の情をすぐにかき立てる力を持っている。

心のこもったほほ笑みは相手に親愛の情を伝える。「**私はあなたの友人だ**」**という気持ちだけでなく、**「**あなたが私を好きになってくれることを期待している**」**という気持ちを伝えているからだ。**子犬が見知らぬ人に尻尾を振りながら「あなたはやさしそうな人だから、私を好きになってほしい」というメッセージを伝えるのに似ている。

相手にほほ笑みかけることのもうひとつの意義は、「**あなたはほほ笑みかける価値のある人だ**」**というメッセージを発信していることだ。**この点について、著名な心理学者のボナーロ・オーバーストリート博士はこう言っている。

「相手にほほ笑みかけると、相手もほほ笑んでくれます。単にほほ笑みを交わしているだけのように見えますが、じつはもっと深い意味があります。相手にほほ笑みかけることによって、相手に思いがけない幸福を体験させているのです。そうすることによって、ほほ笑みかける価値があることを相手に実感させることができます。つまり、相手にほほ笑みかけることによって、相手をその他大勢と区別して特別扱いしているのです」

心の底からほほ笑みかける

ほほ笑むことによって相手と打ち解けたいなら、心の底からほほ笑む必要がある。つくり笑いをして口元だけが笑っているのでは意味がない。**人を動かすには小手先のテクニックではなく、相手に対する心からの思いやりが必要だ。**

ほほ笑み方についての最高のアドバイスは、「リラックスして販売する方法」というセールスマン向けの指導マニュアルに書かれている。

「顧客の潜在意識に訴えかけるのは、あなたの表情ではなく感情である。口の筋肉を機械的に動かしてほほ笑もうとするのは間違いだ。**口元のことは忘れて、心の底からほほ笑もう。自分がほほ笑んでいる姿を想像すると、自然にリラックスすることができる**」

多くの人があまりほほ笑まない理由は、本当の感情を抑圧するクセがついているからだ。私たちは自分の感情をあらわにしてはいけないと教わってきたので、自分の気持ちを顔に出さないようにしている。

あなたは素晴らしいほほ笑みを浮かべることができないと思い込んでいるかもしれないが、けっしてそんなことはない。**すべての人が素晴らしいほほ笑みを浮かべることができる。これはどの人の中にもある性質だから、それを顔に出すかどうかの問題にすぎない**。相手に親愛の情を感じれば、自然にほほ笑むことができる。

練習すれば、これは誰でもできる。練習すればするほど、ほほ笑むことへの抵抗が小さくなる。いつもしかめ面をしていた人ですら、たえず練習して素晴らしいほほ笑みを浮かべるようになった例は枚挙にいとまがない。**相手に親愛の情を抱いたら、恥ずかしがったり照れたりせず、「あなたに会えてとても嬉しい」と伝わるほほ笑み方を心がけよう。**

心のこもったほほ笑みを浮かべる練習

毎朝、鏡の前でほほ笑む練習をしよう。楽しいことを想像し、その気持ちを顔に出そう。今日起こりうる素晴らしいことを思い浮かべよう。たとえば、すべての訪問先で商談をまとめるとか、すべての人とうまく関わるといったことだ。さわやかな気持ちを呼び起こし、それを顔に出そう。

こんな単純なことで相手の反応が違ってくるとは思えないかもしれない。だが、全米屈指のセールスマンとして知られるフランク・ベトガーは、「**毎朝ほほ笑む練習をすることによって短期間で性格を改善した結果、相手がすぐに打ち解けてセールスが大幅に伸びた**」と証言している。

ほほ笑みたいという感情がわいてこないからといって心配する必要はない。とにかく練習することだ。鏡の前で自分に向かって「チーズ」と言ってみよう。口元の筋肉をほぐせば、愉快な気分になれる。

感情が行為を決定するのと同じくらい行為が感情を決定する。この原理について、心理学者のウィリアム・ジェームズは「口角が上がっている状態で悲観的になることはできないし、口角が下がっている状態で楽観的になることはできない」と言っている。

進化論を唱えたチャールズ・ダーウィンは『人間と動物の感情表現』という専門書の中で、感情が肉体表現をともなう理由について科学的な根拠を述べている。彼もまた、感情と肉体表現がたいへん密接に結びついているため、感情を抱くと肉体でそれを表現することになるという結論に達した。

ほほ笑むという行為自体が親愛の情をかき立てる。鏡の前での練習は、心のこもった素晴らしいほほ笑みを浮かべるのに役立つ。それは本物のほほ笑みの筋肉を使い、本物のほほ笑みという行為につながるからだ。ただし、単なるつくり笑いでは効果は出ない。本物のほほ笑みの筋肉を使っていないからだ。彼らが鏡をのぞき込めば、自分がまったくほほ笑んでいないことがわかるはずだ。つくり笑いは見せかけだけだから、相手に親愛の情を抱かせることができない。

本物のほほ笑みは一目瞭然である。自分の本物のほほ笑みを目の当たりにするまで、鏡の前で練習しよう。本物のほほ笑みを浮かべるとどんな気分になるかを知らない人があまりにも多いのが現状だ。

ほほ笑みは魔法の効果を発揮する

最近、オハイオ州にある会社の従業員を対象に講演をおこなった。その際、ほほ笑みの魔法を適切に使えば、どんな効果を発揮するかということに話がおよんだ。

数週間後、その会社で秘書をしている女性と出会った。彼女は自分の素晴らしい発見についてワクワクしながら話してくれた。講演の後、彼女はほほ笑みに関する私の理論を検証するために、翌日の昼食時の買い物の際にそれを実行に移した。当日、店内は混雑していて、予定どおり時間内に買い物ができるかどうか不安を感じたそうだ。

彼女は、「言葉を発する前にほほ笑みを浮かべよう」という私の提案を思い出した。すると、30分以内に買い物を済ませることができた。こんなに短時間で必要な物をすべて買えたのは初めてだった。しかも店員から好待遇を受けることができて感激していた。あるカウンターでは接客を待っている女性客が群がっていて、誰もが不機嫌そうな顔をしていらだっていたが、彼女が店員と目が合ってにっこりとほほ笑んだところ、真っ先に接客してもらえた。

ほほ笑みの魔法には他にどんなものがあるか紹介しよう。

1 ほめ言葉をかけて、ほほ笑みを浮かべよう。ほめ言葉の力は何倍にも増幅する。

2 頼み事をするなら、ほほ笑みを浮かべよう。相手は要望に応じたくなる。

3 頼み事をされたら、ほほ笑みを浮かべよう。相手は感謝して信頼してくれる。

4 苦言を呈するなら、ほほ笑みを浮かべよう。相手は厳しい内容を理解してくれる。

5 初対面の人に会うなら、ほほ笑みを浮かべよう。相手は親しみを感じてくれる。

どんなにたくさんのお金を持っていても、ほほ笑みの魔法を買うことはできない。神様はお金がかからない魔法をあなたに授けてくれたのだ。それを活用すれば、大きな恩恵を得ることができる。

人望が集まる基礎知識❼

1 自分から歩み寄れば、相手と打ち解けることができる。

2 相手が心を開いてくれるのを待ってはいけない。相手が友好的な態度をとってくれることを信じて自分から積極的に行動しよう。

3 相手にとってほしい態度を自分からすすんでとろう。相手が好意を持ってくれることを確信しよう。

4 相手が友好的だと想定しよう。これは常に賭けになるが、相手が友好的な態度をとってくれることを想定すると、99％の確率でそのとおりになる。逆に、相手が敵対的な態度をとることを想定すると、相手が友好的な態度をとってくれることはまずない。

5 相手の好意を取り付けようとするあまり、やっきになってはいけない。やりすぎは逆効果であることを肝に銘じよう。

6 おおらかな気分になって、自分のことを相手が好いてくれると期待しよう。

7 相手の気持ちを和ませるために、ほほ笑みの魔法を使おう。

8 毎朝、鏡の前でほほ笑む練習をし、心のこもったほほ笑みを浮かべる努力をしよう。

Part 3

効果的な話し方で成功する

第8章

言葉で表現する能力を磨く方法

もし他人と話すことが人間関係におけるあなたの弱点なら、この章の内容を熟読することをおすすめしたい。

経営コンサルタントのハリー・シモンズ氏は25年以上にわたってビジネスの現場での人間関係を研究した結果、**仕事をする能力と同じくらい、話す能力が成功に大きな意味を持つことがある**のを発見した。

それを初めて聞いたときは少し大げさだと思ったが、**周囲の成功者はみな話すのがとても上手である**ことに気づいた。

『ユア・ライフ』誌のウィルフレッド・ファンク編集長は数千人の成功者を分析し、共通点を探った。その結果、**稼ぐ力と言葉を使う技術はたいへん密接に結びついているので、言葉を使う技術を磨けば収入が増える**ことを突き止めた。

幸福もまた、自分の考えや欲求、希望、野心を相手に伝える能力に大きく左右される。孤独な遠征から帰還した探検家は、誰とも会話をする機会がなかったことが最もつらかったと言うはずだ。精神科医によると、多くの人が不幸を感じるのは、自己表現が下手なために思考と感情を自分の中にため込んでしまうからだという。

会話はありきたりな話題から始めればよい

多くの人は、見知らぬ人に対してはとくにそうだが、会話をうまく始めるコツを知らないので損をしている。彼らは興味深いアイデアをたくさん持っているのだが、それをどうやって伝えればいいかわからずに悩んでいる。彼らが口を閉ざしてしまうのは、「いいお天気ですね」などと月並みなことを言うと退屈だと思われるのを恐れているからだ。

心理学者のウィリアム・ジェームズ博士はこう言っている。

「多くの人が会話下手なのは、取るに足らないことや当たり前のこと、相手に対して失礼なこと、その場にふさわしくないことを言うのを恐れているからだ」

そこでジェームズ博士は、「**はめを外して心に思い浮かんだことを自由に口に出して言ってみれば、話が盛り上がって交友関係がうまくいく**」と主張している。

エッセイストのジョン・マーフィーは「完璧な会話をしようとしてはいけない」という記事の中でこう書いている。

「いつもいいアイデアがひらめく人はいない。知恵を絞れば名ゼリフを考えつくわけではない。それはリラックスしているときにふと口から発せられる」

先日、テレビで最も人気のある3人の司会者の答え方を書きとめたところ、頻繁に使われていたのは「本当ですか?」「驚きました」「すごいですね」といったありきたりなセリフだった。

どんなに活発な会話でも、その内容の半分がありきたりであるばかりか、まったく無意味ですらある。少なくとも会話の初期段階ではそうだ。徐々にテンションが上がり始めてから、ようやく会話全体が独創的になる。

それはちょうど金(きん)の採掘のようなものだ。利口な採掘者なら、表面の土が純金ではないという理由で作業を中止するようなことはしない。土砂を掘り進めてようやく金を採掘できることを知っているからだ。

誰もがたわいもない雑談に興じる。この種の雑談は会話を進めるうえでたいへん重要だ。それを念頭に置いて初対面の人とありきたりな話をすることを恐れなくなれば、誰とでも自然に会話を始められるようになり、自分がウイットに富んだ面白いことを言っていることに気づいて驚くに違いない。

会話を始めるときは「ウォーミングアップ」をしよう。最初から面白い話をしようと思ってはいけない。テレビで街頭インタビューの様子を観察してみよう。レポーターはたわいもない雑談から始めて相手の準備を整える。彼らはウォーミングアップが終わらないうちに興味深いアイデアを聞き出そうとしない。

彼らは「お名前は？　ご出身は？　ここへ来た目的は？」と質問する。「そんなことはどうでもいいじゃないか」とあなたは言うかもしれない。たしかにそれらの質問はたわいもないものだが、そこから会話が発展して興味深いエピソードを聞き出すことができる。

街頭インタビューのレポーターは会話の達人としての能力を評価され、多額の報酬を得ている。彼らはいきなり本題に入らずにウォーミングアップから始め、たわいもない雑談をすることを恐れない。あなたもそれを見習うといい。

会話では相手に自分のことを話させよう。誰かに紹介されたときに言うことが思い浮かばなければ、街頭インタビューのレポーターから学んだ教訓を生かそう。次のような質問をしてウォーミングアップをするといい。

「どちらから来られましたか？」

「ここにはどのくらい滞在される予定ですか？」

「どんなお仕事をされているのですか？」

これらの質問はウォーミングアップの話題として最適である。相手に自分のことを話す機会を与えるからだ。それによって打ち解けることができる。

相手の得意な話題を探す必要はない。自分のことを話してもらえばいいからだ。どんな人でも「自分」というテーマの第一人者である。

会話はきっかけが重要だ。いきなり盛り上がろうとせず、最初は簡単なやりとりでいい。ウォーミングアップで打ち解けてリラックスすることの重要性を認識しよう。

飛行機や電車、バスの中で見知らぬ人と会話を始めるためにこの方法を使うことができる。それによって出張や旅行がより快適になるし、もしかしたら末永く友人になってくれる人と出会えるかもしれない。

利口なことや有意義なことを言うために知恵を絞る必要はない。周囲を観察して感想を述べたり簡単な質問をしたりすればいいのだ。

「今日はとても暑いですね」

「この飛行機は何時ごろ現地に到着するのですか?」

「中央駅行きのバスはここに停まりますか?」

あまりにも単純な話題だが、初対面の人との会話はこんなふうに始まる。**ほとんどの人が会話のきっかけをつかめないのは、難しく考えすぎているからだ。**

最も大切なのは相手に話をさせること

会話上手になる秘訣は小難しいことを言ったり自慢話をしたりすることではなく、相手の心を開いて話をしてもらうことである。

相手を話したくなる気分にさせることができれば、あなたは会話上手という評判を得るだろう。さらに、相手にどんどん話をさせれば、相手はあなたに親近感を抱き、あなたの考えを受け入れるようになる。

ここでひと言。**質問しながら相手を中心に会話することを心がけよう**。もし相手が「インディアナ州の故郷に25エーカーの土地を所有しています」と言ったら、あなたは「私なんかテキサス州に500エーカーの土地を所有していて石油が出るんですよ」と自慢するのではなく、「それはインディアナ州のどの辺りで、そこで何をされているのですか?」と質問するといい。もし相手が「釣り船を所有しています」と言ったら、あなたは「私はプライベートジェットを所有しています」と自慢するのではなく、「それで、その船はどれくらいの大きさですか？」と質問するといい。

要するに、**自分を話の中心にするのではなく、相手に質問して話を聞き出すことが、会話上手という評判を得る秘訣である**。

本来、人間は利己的な生き物であることを肝に銘じよう。人々はいつでも自分のこと、自分の仕事のこと、自分の家族のこと、自分の故郷のことに興味を抱いている。「ご出身はどちらですか？」という質問は、相手に関心を持っていることを伝え、ひいては相手があなたに関心を持つきっかけになる。

ガールフレンドとデートをして2時間も自分のことを延々と話したあげく、「僕のことはこれくらいにして、そろそろ君について話そう。君は僕の作品についてどう思う？」

と言った若い劇作家がいたが、あなたは彼の真似をしてはいけない。

私たちは自分について話して、相手に自分の素晴らしさを印象づけたいと思いがちである。だが、**自分が話すより相手に話させたほうが、あなたの評価は上がる。相手はあなたを思いやりのある人だと感心し、好意を抱くだろう。**

念頭に置くべきルールとして、自分がこの状況で何を求めているかをたえず心の中で自問しよう。**自分の素晴らしさをアピールして自己満足に浸るか、相手に話をさせて自分に好意を抱いてもらうか**。自己満足に浸りたいなら自分のことを延々と話せばいいが、あなたはなんの利益も得ることができない。

たしかに講演家は自分の経験や考え方について話をする。当然、彼らは自分の話をするために招かれているから、そうしているのだ。聴衆は講演家の話を聞くために会場に集まっている。

しかし、あなたが会場を借り切って話をするのでないかぎり、相手はあなたの話を聞きたがっているとはかぎらない。

自分について話してもいいタイミングとは、自分について話すように求められたときだ。相手が質問してきたら、あなたに興味を持っていると考えていい。そんなときは臆せずに自分について話すべきだ。相手はあなたと親しくなれるきっかけをつかんだことを喜ぶに違いない。だが、話しすぎてはいけない。相手の質問に簡潔に答えたら、相手にスポットライトをあてよう。

相手に常に賛同する

自分が話をしてもいいタイミングがもうひとつある。それは相手の発言を聞いて共通点を見つけたときだ。「私も同じです」と言うテクニックは、相手に親近感を抱かせるのに効果的である。たとえば、相手が「農家に生まれ育った」と言い、自分もそうなら「私も同じです」と言って体験を少し披露しよう。あるいは、相手が「アイスクリームが好きだ」と言い、自分もそうなら「私もです」と言おう。

賛同することが相手に好意を抱かせるのは、「私もそう感じます」「私も同じ考え方です」という意味のことを言っているからだ。お互いが似ていることを示す要素があれば、相手はおのずとあなたを好きになる。

私たちは賛同してくれる人に好意を抱き、賛同してくれない人に反感を抱く。**賛同してもらうと自尊心が高まるからだ**。一方、相手が賛同してくれないと、自尊心が傷つきやすい。相手に賛同するとき、あなたは相手が自分自身をより好きになるのを手伝っているのだ。

たとえなんらかの点で反対しなければならなくても、相手に賛同できる点を常に見つけよう。どんなにささいなことでも賛同できる点を見つけたなら、賛同できない点について妥協するのがずっとたやすくなる。

悩みや不満を誰彼となくぶちまけてはいけない

上手に会話をするテクニックを身につけ、人々が話しかけたくなる人になるもうひとつの秘訣は、ミュージカル「南太平洋」の挿入歌の一節を参考にすることだ。
それを紹介しよう。

陰気な人が好きな人なんていやしない。
暗い見通しを聞いて楽しむ人もいない。
悪い知らせを心待ちにする人もいない。

愚痴っぽくて世の中や人生について悲観的な見方をする人は、どこに行っても嫌われる。**誰かに悩みを聞いてほしいなら、心理カウンセラーか親身になってくれる友人に相談すべきだ**。自分の問題について誰彼となく話してはいけない。自分の悩みを打ち明けたところで、ほとんどの人はうんざりしてそっぽを向くだけである。

悩みを誰かに打ち明けたい気分になったら、これから紹介する方法を試すといい。
不満をすべて正直に手紙に書きとめよう。他人から受けた不当な扱いがあれば、それを詳細に表現するといい。

書き終えたら、その手紙を投函せずに細かく破って捨ててしまおう。**自分の心情を紙の上で表現することで目的を果たしたのだから、もうすっきりして誰にもそれを話す必要を感じないはずだ。**

ときには同じことを2、3回書かなければ気持ちが収まらないかもしれない。だが、気が済むまで書いた後はもうそれについて考える必要がなくなり、誰彼となく不満をぶちまけたくなる衝動を感じなくなるはずだ。

相手をからかわない

会話を通じて人望を集めたいなら、相手をからかったり皮肉を言ったりしたくなる衝動を抑えなければならない。多くの人が他人をからかって楽しんでいるのは、相手もそれを楽しんでくれていると勘違いしているからだ。多くの夫は人前で妻をからかい、それを一種の愛情表現だと誤解している。あるいは、自分の頭のよさを見せつけるために痛烈な皮肉を言い、相手がそれを面白がっていると信じている。

しかし、からかったり皮肉を言ったりするのは、相手の自尊心を傷つける行為である。たとえ冗談でも、これは非常に危険なことだ。皮肉は残虐な要素を含んでいて、相手をみじめな思いにさせてやろうという意図が隠されている。

世論調査の結果によると、**人々はからかわれるのをいやがり、たとえ気心の知れた仲間でも、そういうことをしてほしくないと思っている**ことが明らかになった。

ところが、多くの人は自分がからかわれるのをいやがっていることを相手に知らせたがらない。そんなことをしたら気の弱い人間だと思われるのを恐れているからだ。

からかいが快く受け止められることもまれにある。ただし、それはごくささいなことについてであり、あまり辛らつでない場合に限定される。相手と長年の付き合いで、自分に好意を持ってくれているなら、相手を少しからかっても許してもらえるかもしれない。だが、その確率はあまりにも低いから、あえて危険をおかさないほうが得策だ。

人望が集まる基礎知識❽

1 成功と幸福は、自分を表現する能力に大きく左右される。自分の話し方を改善する適切な方法を考え、それを常に実行しよう。

2 簡単なやりとりでウォーミングアップをし、初対面の人との会話を練習しよう。

3 会話上手な人になるためには、いきなり独創的な話をしようとするのではなく、たわいもないことから話そう。会話を進めるうちにようやく面白い話が始まる可能性がある。

4 相手から興味深い話を聞き出すために質問をしよう。

5 相手に自分自身のことについて話すおぜん立てをしよう。

6 相手の関心事に合わせて「私も同じです」と言い、相手との距離感を縮めよう。

7 自分のことを話すように求められたときだけ自分のことを話そう。

8 できるだけ楽しい話をしよう。陰気な人や不吉な予測をする人を好きになる人はいない。

9 自分の不満を誰彼となくぶちまけてはいけない。

10 相手をからかったり皮肉を言ったりするのを慎もう。それは必ずと言っていいほど人望を失う行為である。

第9章

聞き上手になる方法

選挙で勝つ秘訣を政治家志望の青年に尋ねられたとき、最高裁判事のオリバー・ウェンデル・ホームズはこう答えた。

「**相手の言い分に共感して理解のある態度を示すことが、人望を集める最も効果的な方法である。ところが、相手の話をじっくり聞くという単純な方法を実行している人はごくわずかしかいないのが現状だ**」

ある意味で、私たちはいつも選挙に立候補しているようなものだ。周囲の人はたえず私たちを観察し、心の中で賛成票か反対票を投じているからである。場合によっては、取引するかしないかを決めている。その決定的要因となるのが聞き上手かどうかだ。実際、そういうケースはあなたが思っている以上に多い。

誰かと会って立ち去った後、うまくいかなかったと感じる場合、あなたは相手から反対票を投じられたような気分になり、「相手を味方につけるにはどう言えばよかったか?」と自分に問いかけるかもしれない。

意外なことに、たいていその答えは「とくに何も言う必要はなかった」である。

あなたがしくじったのは、何かを言ったとか言わなかったとかではなく、相手の話にじっくり耳を傾けなかったからだ。

話をよく聞く人は「利口な人」と評価される

ほとんどの人は利口だと思われたがっている。だが、たえず「利口そうな発言」をして自分を高く評価してもらおうとやっきになっている人は、相手から「利口な人」と評価してもらえない。単に「利口ぶる人」と評価されるだけだ。

自分を「とても利口な人」と評価してもらえる確実な方法を紹介しよう。**相手の話にじっくり耳を傾ければいいのだ。相手の話をひと言も聞き漏らすまいという姿勢で一生懸命に耳を傾ければ、「とても利口な人」と評価してもらえる。**一方、愚か者は相手の話がいかに重要かに気づかないので耳を傾けようとしない。

詩人のウォルト・ホイットマンは友人と一緒に道を歩いていたとき、見知らぬ人と出くわして言葉を交わした。数分間、ホイットマンは会話を独占し、相手はほとんど何も話さなかった。相手が立ち去った後、ホイットマンは「彼はとても利口な人だ」と言った。

友人が驚いて「彼はほとんどしゃべっていないのに、なぜそう思うのか？」と尋ねたところ、ホイットマンは「彼は私の話によく耳を傾けてくれた。これは彼がとても利口な人である証しだ」と答えた。

自分の友人と知人について少し考えてみよう。その中の誰が「とても利口な人」という評価を得ているだろうか。

あなたなら次のうちの誰に好意を抱くだろうか？

1　あなたの話を聞かずにまくし立てる人

2　あなたの話をさえぎって話し続ける人

3　あなたの話にじっくりと耳を傾ける人

ある賢者がこんなふうに表現した。

「神様は人間にふたつの耳とひとつの口を与えた。話す量の2倍を聞くことにあてるように意図したからだ」

耳を傾ければ、相手の求めているものがわかる

全米屈指の自動車デザイナーが「自動車業界で成功するには、人々が求めているものに常に敏感でなければならない」と言い、さらに持論を展開した。

「車のデザインをしているのは、じつはデザイナーではなく一般の人たちです。デザイナーは一般の人たちの要望に耳を傾けるだけです。一般の人たちが何かを求めているとき、デザイナーはそれをすぐに提供するために努力します」


成功するには相手が求めているものを与えることが不可欠である。あなたはたえず相手の要望に耳を傾けなければならない。

よい人間関係は双方向のコミュニケーションによって成立する。それはギブアンドテイクの精神にもとづく。相手が求めているものがわからなければ、相手の心をつかむことはできない。

相手が何を求めているかは謎ではない。私たちはよく「相手が何を求めているかがわかれば、対処の方法があるのに」と悔しがるが、相手が求めているものを見極めるのはそんなに難しいことではない。

全米販売協会のアル・シアーズ理事長は、こう言っている。

「**すべてのセールスマンは見込み客の要望を見極める能力を持っている。相手の言うことに耳を傾ければいいからだ。そうすれば、相手はそれを教えてくれる。**問題は、相手の話をさえぎって自分の意見を言ってしまうことだ」

状況によっては、自分の手の内を明かさずに相手の思惑を探る必要がある。多くのビジネスの取引で使われる戦略は、自分の要求を言わずに、相手が求めているものを探り、どうすれば相手を満足させられるかを見極めることだ。ここで肝に銘じるべきことは、自分がうっかりしゃべりすぎると手の内を悟られてしまうことである。

一流のビジネスマンは相手の手の内を読む不思議な力を持っていると考えられているが、それは実際には「不思議な力」ではない。

一流のビジネスマンは自分の口を閉じて、相手に話させるように仕向けるのがうまいだけである。彼らは精神分析学の父フロイトの科学的見解を直感的かつ経験的に知っているのだ。人間はずっと話をさせられると自分の本心をごまかせなくなる。一生懸命に隠そうとするかもしれないが、どうしても本音をしゃべってしまうのだ。じっくり耳を傾ければ、相手が無意識に自分の本音をあらわにしていることがわかる。

相手の話に耳を傾けることで自己中心的な性格を克服できる

相手の話にじっくり耳を傾ける習慣を身につけると、自己中心的な性格を克服することができる。自己中心的な性格は人間関係では大きなハンディキャップになるが、相手に意識を向けると自分のことをしばらく忘れることができる。

自己中心的な性格では円満な人間関係を築くことはできない。2人の人間が衝突するのは、どちらかが相手のことを軽視して自分のことばかり考えているからだ。

心理学者は、**利己的な本能を捨てるのではなく、自分のことから意識をそらすことが重要だ**と説く。そうすれば、利己的な本能をなくすことはできなくても、自己中心的な性格を克服できるからだ。

自己中心的な性格を克服するための従来のアドバイスの大半は間違っている。私たちは「自分本位であることは悪徳だから恥じるべきだ」と教わってきたが、すべての人が自分本位な傾向を持っているから、このアドバイスは理にかなっていない。

自己中心的な性格を克服する方法は、「自分本位であることは悪徳だ」と自分に言い聞かせることではなく、「相手の話にもっと耳を傾ける必要がある」と自分に言い聞かせることだ。

聞くことで相手の自尊心を満たすことができる

相手に最高の評価を与える方法のひとつは、相手の話に耳を傾けることである。辛抱強く聞くことは、「あなたの話は聞く価値がある」という意志表示になるからだ。そうすることによって相手の自尊心を満たすことができる。人はみな自分の発言は聞いてもらう価値があると思っている。

一方、相手の自尊心を最も傷つけることのひとつは、相手の発言を無視することだ。

妻が「夫は私の言うことをちっとも聞いてくれません。たとえば、私が『給湯器が故障して困っている』と言っても、夫は『あっ、そう』と言うだけで新聞を読み続けます」と不平を言うのを聞いたことがないだろうか？

あなたはこんなセリフを聞いたことがないかもしれないが、結婚カウンセラーは何度もそれを聞かされている。

従業員が「上司は悪い人ではないのですが、残念ながら私の話を聞いてくれません。私が抱えている問題について相談しようとしても、途中でさえぎって生半可な返事をします」と不平を言うのを聞いたことがないだろうか？

あなたはこんなセリフを聞いたことがないかもしれないが、社内相談窓口の担当者は何度もそれを聞かされている。

子どもが「親が僕のことをわかってくれません。僕が自分の気持ちを伝えようとしても聞いてくれないのです。僕をいつまでも子ども扱いして重要な問題とは思っていないのかもしれませんし、子どものあるべき姿について説教したいのかもしれません。いずれにしろ、僕のことなんてお構いなしです」と不平を言うのを聞いたことがないだろうか？

あなたはこんなセリフを聞いたことがないかもしれないが、少年鑑別所の係官は何度もそれを聞かされている。

人間関係のトラブルの主な原因は、相手の話を聞こうとしないことだ。

次のアドバイスを紙に書いて壁に貼り、その内容を肝に銘じよう。相手が子どもであれ大人であれ、小人物であれ大人物であれ、この原則があてはまる。

人とうまく関わりたいなら、相手の発言にじっくり耳を傾け、相手が何を求めているかをよく知る必要がある。

人望が集まる基礎知識❾

聞く技術はたいへん重要だから、常に実践する必要がある。だが、気をゆるめるとすぐに忘れてしまいやすい。そこで、次の7つの方法を肝に銘じよう。

1 相手の顔を見る。これは相手の発言に集中するのに役立つ。

2 相手の発言に興味を持っていることを示す。賛同するなら、うなずこう。面白い話をしてくれたら、ほほ笑もう。相手の仕草に反応し、うまく調子を合わせよう。

3 相手のほうに身を乗り出す。あなたは話が面白い人のほうに身を乗り出し、話が退屈な人にそっぽを向く傾向があることに気づいているだろうか。相手のほうに身を乗り出せば、相手の話を聞いていると伝えることができる。

4 相手に質問する。自分がよく聞いていることを話し手に伝えるのに役立つ。

5 相手の話をさえぎらず、もっと話してほしいと言う。最後まで話を聞いてもらえると、ほとんどの人はたいへん喜ぶ。もしさらに話を引き出してもらえるなら、相手はもっと喜ぶ。たとえば、「最後の点について詳しく話してもらえますか」とか「あなたの考え方をもっとよく知りたいです」という具合である。

6 話し手の話題に従う。どんなに新しいテーマについて聞きたくなっても、話し手が話し終えるまで話題を変えてはいけない。

7 話し手の言葉を使って自分の意見を伝える。相手が話し終わったら、その発言の一部を繰り返すといい。これは自分がよく聞いていたことの証しになるだけでなく、反論されずに自分の考え方を述べるよい方法でもある。たとえば、「ご指摘のとおり」とか「今おっしゃったように」と前置きするのがそうだ。

第10章

たちまち相手の賛同を得る方法

毎日、自分の意見を相手に受け入れさせる必要のある事態が発生する。相手は夫や妻、子ども、経営者、従業員、顧客、友人、知人、敵対者など多種多様である。

私たちはよく「自分の意見をすんなりと受け入れてもらえたらどんなに嬉しいことか」と言う。次の例がその典型だ。

1 顧客が購入した古い冷蔵庫を新しい冷蔵庫と交換してほしいと要求している。あなたは「修理ならできますが、新品と交換することはできません」と説明するが、顧客は受け入れてくれない。この事態を解決するにはどうすればいいか？

2 社長が会議で販売促進のアイデアを提案する。それは表面的には素晴らしいのだが、あなたは重大な欠陥を見つける。コストがかかりすぎて赤字になるおそれがあるのだ。社長にそのアイデアを撤回させるにはどうすればいいか？

3 妻は息子を私学に通わせたいと思っている。一方、あなたは息子が公立学校に通ったほうが多くの点で好ましいと考えている。自分の主張を妻に受け入れてもらうにはどうすればいいか？

4　あなたは自分が昇給に値すると思い、会社にそれだけの資金力があると感じている。あなたはその気持ちを伝えたが、社長は「今、それはできない」と言う。要求を受け入れてもらうにはどうすればいいか?

相手が自らの意思で賛同するように働きかける

反対意見に遭遇すると口論になりやすい。それは、どの野球チームが最強かという問題かもしれないし、国連で政治家たちが議論している大問題かもしれない。いずれにせよ、私たちは議論によって相手を打ち負かそうとする。

一説によると、ゴルフが難しいのはスイングが不自然だからだという。スイングが人間の自然な衝動に反するから、科学的だが不自然なスイングをあえて学ばなければならず、そうしないとゴルフが上達しないというのだ。

同じことが説得の技術についてもあてはまるかもしれない。**反対意見を持つ人を論破したくなるのが自然な衝動だが、本来の目的は相手を説得して賛同を得ることだ。**

誰かが反対意見を言うと、私たちはそれを脅威とみなしやすい。そこで感情的になり、敵意をむき出しにして相手を攻撃し、怒鳴り、脅し、罵倒して自分の考え方を受け入れさせようとする。自分の意見の根拠をことさら誇張し、相手の意見の根拠を否定する。

だが、こういうやり方は効果的ではない。**議論に勝つための唯一の方法は、相手が自らの意思で賛同するように働きかけることである。**

冷静に事実を提示する

議論で科学的に勝利を収める方法は、ほとんどの人が自然に使っている方法とは正反対である。一般の人たちに考え方を変えさせようとする医療機関ですら、私たちが野球や政治について議論するときと同じ間違いを犯しがちだ。

「サイエンス・ダイジェスト」誌の記事にはこう書かれている。

「早期治療の必要性が叫ばれているにもかかわらず、なぜこんなに多くのがん患者が手遅れになるまで治療を受けようとしないのか？　ひとつの重大な要因は、強い恐怖心をかき立てる方法が人々に考え方を変えさせるうえで効果的ではないということかもしれない。これはイェール大学の3人の心理学者による実験で明らかにされた」

イェール大学の3人の心理学者、カール・ホブランド、アービング・ジャニス、ハロルド・ケリーは、**相手にプレッシャーをかけず、脅し作戦を使わないで冷静に事実を提示することが、自分の考え方を相手に受け入れさせる最善の方法である**ことを発見した。

ある実験で、学生たちを3つのグループに分けて、歯の衛生管理に関する15分の講義が写真を交えながらおこなわれた。

最初のグループに対しては、虫歯や歯槽膿漏などの危険性を指摘して歯の衛生管理をするように強力な指導をおこなった。

2番目のグループに対しては、虫歯や歯槽膿漏などの危険性を指摘しながら実例にもとづいて穏やかな指導をおこなった。

3番目のグループに対しては、虫歯や歯槽膿漏などの危険性にはあまりふれず、必要な情報だけを提供する冷静な指導をおこなった。

講義の1週間後、どのグループが講義で指導したように歯の衛生管理を最も念入りにおこなったかを調べた。その結果、意外なことに、脅し作戦を使わない冷静な指導を受けた3番目のグループが歯の衛生管理を最も念入りにおこなっていたことがわかったのだ。

これと同様の結果が、大学生たちを対象にした政治討論会についても得られた。話し手が熱弁を振るうよりも冷静に事実を提示したほうが、学生たちは自分の政治的見解を改めやすいことがわかったのである。

相手の自尊心を傷つけてはいけない

ニューヨーク大学のアルビン・ビューシー教授とリチャード・ボーデン教授は、議論に関する最も広範な研究をおこなった。

この2人の教授は7年間にわたり1万件の議論に耳を傾けた。タクシー運転手同士や夫婦の喧嘩、セールスマンや販売員と見込み客のやりとり、国連での討論を聞いて、誰がどうやって議論に勝ったかを克明に記録した。

その結果、自分の考え方を受け入れてもらうことに関するかぎり、政治家や国連代表などのプロの論客はセールスマンや販売員よりも下手だという事実を発見した。その主な理由は、プロの論客が相手をやりこめることにやっきになっているのに対し、セールスマンや販売員は見込み客に考え方を変えさせようと冷静に工夫しているからだとわかった。

この2人の教授は、**多くの人が議論に勝つために相手の自尊心を傷つけるという間違いを犯しがちだ**と指摘している。

これは最終的に本書のテーマに行き着く。**人を動かしたいなら、人間の本性に反するやり方ではなく、人間の本性に合うやり方を学ばなければならない**。

「あなたの考え方はおかしい」と頭ごなしに言うと、相手は自分の考え方を必死で擁護する。地位を批判すると、相手は面目を保つために自分の地位をかたくなに守る。あなたの考え方がどんなに素晴らしくても、それを押し付けると相手は心を閉ざしてしまうのである。**人間の最も強い衝動のひとつは自己保存であり、それには自分の肉体だけでなく自尊心を守ることも含まれる。私たちは自分の自尊心を守るために、どんな考え方を受け入れるかについて慎重になる。**だから、自分の価値観と相容れない考え方を押し付けられると強く反発するのだ。

相手の自尊心を傷つけずに議論に勝つ6つのルール

相手の自尊心を守りつつ、自分の考え方を受け入れさせることに成功すれば、あなたは議論に勝つことができる。相手の自尊心は、相手の潜在意識の入り口に立っている警備員のようなものだ。**相手は自尊心を傷つけられると、あなたの考え方を頑として受け入れようとしない。**それを肝に銘じて、次の6つのルールをじっくり読んでほしい。

ルール1　相手に意見を述べさせる

話をさえぎらず、相手に意見を述べる機会を与えよう。相手の話に耳を傾けることがどんなに効果的かを思い出してほしい。話を途中でさえぎられると、相手の自尊心は傷つく。言いたいことのある人は、話す態勢を心の中で整えている。だからそれをすべて話し切るまで、他人の意見に耳を傾ける態勢が整わない。自分の意見を聞いてほしいなら、まず相手の話にじっくり耳を傾けよう。

ラザラス社のジョン・グレアム人事部長は、卓越した説得の技術を持つ人物である。彼がよく使うテクニックを紹介しよう。

苦情を言おうとしている人に面会するとき、相手の話を最後まで聞くだけでなく、「大事な点をもう一度言ってください」と言い、「それ以外におっしゃりたいことはありますか?」と付け加えよう。これは相手の意見に関心を示していることを示す効果的な方法だ。

相手に要点を繰り返すよう求めることは、相手が興奮しているときに役立つ。苦情を最後まで言わせるだけでも相手の怒りを鎮めることができるが、それを2、3回繰り返させると、ほぼ確実に相手のうっぷんを晴らすことができる。

ルール2　答える前に少し間を置く

意見が分かれていない会話でも、このルールは役に立つ。**質問に答える前に相手を見ながら少し間を置くことがポイントだ。そうすることによって、相手の発言が検討に値すると考えていることが伝わる。**

ただし、あまり間を置きすぎると、言いよどんで明確な答えを避けようとしているという印象を与えるから注意が必要である。

とくに相手の意見に反対する場合、少し間を置くことは大きな意味を持つ。即座に「ノー」と言うと、相手は頭ごなしに否定されたように感じ、自分の意見を検討してもらっていないことにがっかりするからだ。

ルール3　100％勝とうとしない

多くの人は議論の最中に、自分が正しくて相手が間違っていることを証明しようとやっきになる。だが、説得の達人は少し譲って相手の意見に賛同できることを見つける。

相手に少しでも正しい点があれば、積極的にそれを認めよう。あなたがささいなことを譲歩すれば、相手が重要なことを譲歩してくれる可能性が高くなる。

ピアース・ブルックス博士はその点について、「たしかにそれも一理ある」と前置きしてから自分の意見を述べることを推奨している。たとえば、こんな具合だ。

「たしかにそれも一理ありますが、こんなふうに考えられないでしょうか」
「たしかにおっしゃるとおりなのですが、別の見方もできます」
「たしかにそれは認めますが、違う考え方も成り立つように思います」

ルール4　控えめな態度で主張する

私たちは反対されると、自分の意見を相手に受け入させるために大げさに主張しがちである。しかし、**相手に意見を変えさせるには脅すよりも冷静に事実を述べるほうが効果的だと科学的に証明されている**ことを思い出してほしい。

多くの人が従来の強圧的なやり方を使いがちなのは、それが効果的なように見えるからだ。相手をこき下ろし、落ち度を指摘し、徹底的に追い詰めれば議論に勝てると思っているかもしれないが、相手は頑としてあなたの意見を受け入れようとしない。

ベンジャミン・フランクリンは自分のアイデアを売り込む史上最高の達人の一人として知られている。外交交渉では常に成功を収め、自分の求めているものを手に入れた。また、多くの反対を乗り越えてアメリカ合衆国憲法を成立させた立役者と称賛されている。

フランクリンはこう言っている。

「**相手を説得するには自分の意見を控えめな態度で正確に述べると効果的だ。その際、『私が間違っているかもしれないが』と切り出すといい。相手はあなたが遠慮がちに話しているのを**

見て謙虚な姿勢に共感し、自分の考えを改めて『あなたが正しい』と言ってくれるだろう」

これはじつに見事なテクニックだ。アメリカ合衆国憲法を成立させることであれ、家の装飾に関する自分の意見を配偶者に受け入れさせることであれ、この原理が役に立つ。

ルール5　第三者に代弁してもらう

裁判で必勝を期す弁護士は、陪審団に提示したい事実を証言してくれる証人を駆り集める。**自分が主張するよりも、第三者が詳細を述べたほうが説得力に富んでいる**ことを知っているからだ。

一流のセールスマンは、商品に満足しているユーザーの証言を使う。選挙に立候補する人は、有名な人物や団体に自分を推薦してくれるように働きかける。いくら本人が「私は最も適格な候補者です」と主張しても、有権者は半信半疑だ。だが、定評のある人物や団体が推薦すれば、信ぴょう性が格段に増す。

多くの就職希望者は第三者の推薦状をたずさえる。雇い主にとって推薦状は、本人の主張よりはるかに説得力があるからだ。

意見が一致せず、相手の賛同を得たいとき、第三者に代弁してもらうことがとくに大きな意味を持つ。あなたが自分に有利な発言をしているとき、相手は自然と疑い深くなるからだ。それと同じくらい重要なのは、**第三者の発言があなたの発言より相手にすんなり受け入れられやすい**という事実だ。記録や統計、実績、有名人の言葉などはすべて「第三者の発言」として活用することができる。

たとえば、妻が「新しい家のカーテンを同じ色で統一したい」と言い、あなたが「別々の色のほうがいい」と言ったとしよう。そんな状況でもしあなたが「カーテンを同じ色で統一するのは時代遅れだ」と言えば、夫婦喧嘩が始まる可能性が高い。妻は「どうせ私は時代遅れよ」とそっぽを向くだろう。

しかし、もしあなたが「先日、ホームデザインの専門家がラジオで言っていたけれど、家のカーテンを同じ色で統一するのは時代遅れだそうだよ」と言えば、妻に反感を抱かせずに自分の意見をすんなり受け入れてもらえる可能性が高くなる。

上司に昇給を申し出るときも同様だ。客観的な実績にもとづいて発言すると効果がある。たとえば、単に「給料を上げてください」と言うより、資料をもとに「私はこの1年間でこれだけの実績を上げましたから、昇給にふさわしいと思います」と言うほうがはるかに説得力に富んでいる。

ルール6　相手の面子をつぶさない

相手はあなたに賛同して自分の意見を変えたいのだが、問題がひとつある。相手はすでに自分の意見を表明しているので、今さら立場を変えづらいのだ。相手にしてみると、あなたに賛同することは自分の間違いを認めることになる。あなたの意見に強く反対していた場合はとくにそうだ。

説得の達人はそんな状況に直面したとき、相手が面目を保てるように逃げ道を準備する。そうしなければ、相手は従来の立場を守らざるをえず、引くに引けなくなるからだ。

相手を説得したいなら、自分の意見を相手に受け入れさせるだけでなく、相手を窮地から救い出す方法を心得ておかなければならない。

そのためのふたつの方法を紹介しよう。

・方法その1　相手が事実関係を把握していなかったことにする

「あなたは事実関係を把握していなかったのですから、そう考えるのも当然です」
「私も最初はそう思ったのですが、事実関係を知って考え方が変わりました」
「このような状況では、どんな人でもそう考えると思います」

・方法その2　言い訳をする機会を与えて相手の顔を立てる

顧客がデパートの売り場にドレスを返品しに来た。先日、彼女はそれを買って家に持ち返ったところ、夫に「似合わない」と言われたという。そこで彼女は「一度も着ていないので、返品させてほしい」と店員に頼んだ。

店員はそのドレスを調べてドライクリーニングの形跡を見つけた。店員は顧客に証拠を示すこともできるが、顧客は「一度も着ていない」と言った手前、それを認めづらい。そこで店員は、機転を利かせて顧客に逃げ道を用意した。

「お客様、どうやらご家族のどなたかが間違ってこのドレスをドライクリーニングに出されたようです。最近、私も同じようなことを経験しました。私の外出中に夫が他のドレスと一緒にまっさらのドレスをドライクリーニングに出してしまったのです。きっとそれと同じようなミスが発生したのでしょう。このドレスにもドライクリーニングの形跡が見受けられます」

顧客は証拠を見せられ、自分の落ち度に気づいた。だが、彼女は店員から助け舟を出してもらったおかげで面目を保つことができた。

人望が集まる基礎知識⑩

意見が合わないとき、あなたの課題は相手の賛同を得ることだ。その際、相手の自尊心を傷つけないように配慮し、論理的な理由を相手にすんなり受け入れさせる必要がある。そのための6つのポイントをおさらいしよう。

1 〈相手に意見を述べさせる〉相手に話をさせて気持ちを落ち着かせる

2 〈答える前に少し間を置く〉相手の意見を考慮していることを伝える

3 〈100%勝とうとしない〉「たしかにそれも一理ある」と言って少し譲歩する

4 〈控えめな態度で主張する〉「私が間違っているかもしれないが」と切り出す

5 〈第三者に代弁してもらう〉説得に客観性を持たせて議論をする

6 〈相手の面子をつぶさない〉相手に逃げ道を与えて面目を保たせる

Part 4

相手にうまく働きかける

第11章

相手の全面協力を得て成果を上げる方法

誰かに何かを手伝ってほしいとき、これから紹介するふたつの簡単な実験を試してみよう。それが荷造りであれ事業を発展させることであれ、やり方は同じである。

ひとつ目の実験　相手に「これを手伝ってください」と言い、要件を説明する。手伝ってくれたことに謝礼を払ってもいいが、依頼を実行してくれたことに対してだけ謝礼を払うことを伝える。どれだけ協力を得て、どれくらい成果を上げたかを記録しよう。

ふたつ目の実験　誰かに助けを求める。ただし、単に「これを手伝ってください」と言うのではなく、その方法を考えるように依頼する。つまり、相手に体力だけでなく知恵を求めるのだ。その際、相手に「今、私はこれをしようとしています。ぜひ、知恵を貸してください。適切なアドバイスをしてもらえませんか」と言う。

どれだけ協力を得て、どれくらい成果を上げたかを記録しよう。

ひとつ目の実験でも一定の協力を得ることができるかもしれないが、ふたつ目の実験なら相手の知恵と体力の両方を借りて全面協力を得ることができるはずだ。

人々は自分の知恵を活用してほしいと思っている

荷造りをしていて、顔なじみの人に「作業を手伝ってください」と頼むと、おそらく相手は「私には関係ない」と言わんばかりのそっけない態度をとるだろう。

しかし、「今、荷造りをしているのですが、うまくいかずに困っています。知恵を貸してもらえませんか」と言うと、きっと相手は近寄ってきて「こんなふうにすればいいよ」と言ってくれるはずだ。

これはいったいなぜだろうか？

その理由は単純明快である。後者のやり方は人間の本性に関する基本的な法則にかなっているからだ。

産業心理学によると、相手は手伝いたくないわけではなく、知力と体力の両方を働かせるよう依頼されていないので、全面的に協力することができないのである。

人間の本性に関する基本的な法則

人々は知恵を求められなければ、体力を100%発揮することが心理的にできない。

それはまるで知力と体力がチームを組んで働くと決意しているようなもので、どちらか一方を単独で働かせることは非常に難しい。

これは工場労働者に関する記録で証明されていて、もはや疑問の余地がない。**経営に対する発言権が与えられず、提案すら許されていない労働者は、提案を奨励されている労働者ほど熱心に働かない。**

命令するのではなく、アドバイスを求める

すべての人が他人の問題より自分の問題に興味を持っている。だから、いくら顔見知りに荷造りを頼んでも、相手は心の中で「それはあなたの問題だから私とは関係がない」と

思っている。

しかし、**相手にアドバイスを求めたら、あなたは解決すべき問題を相手に与えて興味をひくことができる**。**この原理は会社の経営にもあてはまる**。

たとえば、経営者が直面する最も困難な問題のひとつはコスト削減である。これはどの会社でも大問題だ。そこで従業員に説教をしたり義務感に訴えたりする。だが、コスト削減は最大の問題のひとつとみなされているにもかかわらず、従業員が最も協力しようとしない問題である。

アンスル・ケミカル社のロバート・フード社長はこの問題に直面したとき、説教をしたり義務感に訴えたりはしなかった。彼の経営哲学は「**人々は自分が参加したものを支持する**」である。そこで、コスト削減の必要に迫られたとき、社内の人たちで構成する委員会をつくった。その際、「特定の分野のコストを削減しなければならない」とは言わず、「みんなで知恵を出し合って問題を解決しよう」と言った。

そこで委員たちは知恵を出し合い、旅費や電話代、用具代、さらに切手代まで節約する方法を思いついた。しばらくしてフード社長は全米経営協会に「売り上げの伸びは9％だったが、純利益は40％も伸びた」と報告した。

フード社長は他の多くの問題を解決するときも同じ原理を応用している。彼はこれを「参加型の経営」と呼んでいる。

相手からアイデアを引き出す

かつて経営者の仕事は自分でアイデアを出すことだと考えられていた。経営者は頭を使うから、従業員は手足となって働いてくれればいいというわけだ。

しかし、今では一流の経営者は最高のアイデアが役員室だけで生まれるのではないことを理解している。工場労働者もアイデアを持っている。少なくともアイデアを出すように奨励されたら出すことができる。

一流の経営者は堂々と従業員にアイデアを求める。そうしたからといって自分の経営能力を疑われるという不安を抱いていないからだ。１００人の従業員が思いつく素晴らしいアイデアを自分一人では思いつかないことを正しく認識している証しである。だからたえず従業員にアイデアを求め、すぐれたアイデアに対して特別手当を支給している。

一流の経営者は自分一人ですべてのアイデアを生み出す天才ではなく、従業員からアイデアを引き出し、それをもとに最終決定をおこない、実行に移す能力を持つ人物である。

とはいえ、そういう経営者はたしかに「天才」だと言える。だが、それはアイデアを思いつく創造性を持っているからではなく、他人のアイデアをうまく引き出す人間関係の技術にたけているからだ。そういう経営者は他人のアイデアをもとに自分のアイデアをふくらませる方法を熟知し、人々を上手に管理して自分の決定に従わせ、それをもとに最善を尽くすように働きかけることができる。

アドバイスを求めると信頼も得られる

ある大富豪が「私の成功は周囲のすべての人から学んだおかげだ」と言った。彼の最初の事業は製材所の経営だった。

「どの従業員も文字がすらすら読めず、中には自分の名前すら書けない者もいました。しかし、彼らはこの仕事に何年間もたずさわってきたので、私は彼らから知識を吸収し、アイデアを求めることにしました」

その後、この大富豪はそれと同じ原理を銀行やデパートの経営にも応用した。

「私が金持ちになったのは自分で知恵を働かせたからではなく、多くの人に知恵を働かせてもらったからです。私はそうやってたくさんのアイデアを得るだけでなく、その人たちの能力を認めることができました。誠実な気持ちでアドバイスを求めると、人々はいつも喜んで協力してくれます」

このテクニックを友人や知人、同僚、家族に試してみるといい。アドバイスを求めると、相手が喜んでいることがわかるはずだ。**「この問題について意見を聞かせてほしい」「あなたならどう解決するか教えてください」と言うと、相手は自分が信頼されていることを実感して親近感を抱く**。

このテクニックを相手との信頼関係を築く糸口として活用しよう。**なかなか会ってくれない人に面会を申し込みたいなら、「この問題についてご意見をお伺いしたいので、ぜひ相談に乗ってください」と伝えるといい**。

ある雑誌のライターは面会の予約がとりにくいと噂されている業界の大物にインタビューを申し込むとき、このテクニックを使っている。

彼は相手に電話をかけて、こんなふうに切り出す。

「○○さん（相手の名前）はこの分野の第一人者と言われている方です。今、私はこの分野の記事を書いているのですが、誰に聞いても『詳しい事情を知りたいなら、○○さんにお会いしてアドバイスをしてもらうといい』と口をそろえます」

アドバイスを求めると家庭もうまくいく

夫が自分の仕事や計画について少しも話してくれず、提案する機会を与えてくれないと不平を言う妻はけっこう多い。一方、妻が節約やその他のことを協力してくれないと愚痴をこぼす夫もかなりの数にのぼる。また、多くの親は子どもが協力してくれないと不満を漏らすが、子どもに参加を呼びかけずに一方的に命令しているのが実情だ。彼らは子どもにアイデアを求めず、命令に従うことを要求するだけである。

ある結婚カウンセラーは家族の協力を得るために、前出の経営者が使っている「参加型の経営」とよく似たテクニックをすすめている。それを紹介しよう。

夫、妻、子どもが週に1回集まって家族会議を開く。**重要なのは、家族全員が問題について話し合い、共通の目標を設定し、お互いにアイデアを出し合うことだ。**

最近、ルース・バービー博士は私にこう言った。

「家族全員が家庭の運営に参加すると、驚異的なことが起こります。困難な問題がすんなり解決し、家族が仲良くなるのです。**全員が家庭の運営を自分の課題とみなし、解決策について知恵を出すように求められると、家族は一体感を得て円満になります。**私の知るかぎり、他の方法ではあまりうまくいかないように思います。

家族は企業と同様、多くのアイデアを検討して最終決定をおこなうリーダーを必要としています。しかし意外なことに、子どもは事前に自分の意見を言い、提案する機会を与えられると、意に沿わない決定がくだされても、親の権威に喜んで従うものです」

優良企業の経営者も日々の業務の中でこれと同じことを実感している。

同情や承認、称賛ではなく純粋にアドバイスを求める

あなたはこの文章を読みながら、いつも他人にアドバイスを求め、たえず自分の問題について話すはた迷惑な人を思い浮かべているかもしれない。一部の人を成功者にするテク

ニックが他の人を失敗者にするのはなぜなのか不思議に思っているに違いない。

このテクニックを使う秘訣は、なぜ他人にアドバイスを求めるかということに集約される。

いつも他人に自分の問題を話し、たえずアドバイスを求める人は誰の周りにもいる。こういう人は自分の問題を解決しようとせず、他人に迷惑をかけている。このテクニックを使うことによって人望を集めるどころか、周囲の人から毛嫌いされているのだ。

こういう人は実際にはアドバイスを求めていない。ただ単に同情してほしいだけである。その人が「どうしたらいいのだろう?」と言っても、相手にアドバイスを求めているわけではない。もし相手がアドバイスをしたら、本人は気を悪くする。その人は「それは困りましたね」「不当な扱いを受けてお気の毒です」と言ってほしいだけで、本気でアドバイスを求めていない。ウソだと思うなら、その人が「どうしたらいいのだろう?」と尋ねてきたときに具体的なアドバイスをして本人の反応を観察するといい。

アドバイスを求めに来たように見えても、本当は称賛を求めているケースもある。とある有名な作曲家が私にこんなことを言った。

「親しい人たちが『こんな曲を書いたのだけれど、改善点があったら教えてほしい』とよく言ってきます。しかし、私がその要望に応えて実際に改善点を指摘したところ、友人を2、3人失ってしまいました。彼らは私にアドバイスを求めていたのではなく、ほめてほしかっただけなのです。きっと自信作を披露して『素晴らしい曲を書いたね』と称賛してほしかったのでしょう」

次のことを覚えておこう。**相手にアドバイスを求めているなら、本気で「アドバイスをしてください」と言うべきだ。そうすれば、問題解決に役立つアドバイスが得られるだけでなく、重要感を与えて相手を喜ばせることができる。**

しかし、自分が正しいことを認めてほしいだけなら、アドバイスを求めてはいけない。同様に、同情してほしいだけなら、アドバイスを求めてはいけない。そんな態度では相手がどんなに親身になってアドバイスをしても問題解決に役立たないし、はた迷惑なだけである。

人望が集まる基礎知識⓫

1 他人に作業を手伝ってほしいなら、その人にアイデアを求めよう。

2 自分の問題は相手の問題でもあると相手に感じさせよう。

3 チームの一人ひとりにチームの運営方針について意見を求めよう。

4 誰かに依頼するなら、その人をチームの一員として扱おう。単に「これを手伝ってください」と言うのでなく、「もしあなたが私の立場なら、成果を上げるためにどんなふうにしますか？」と尋ねよう。

5 数人の信頼できる人に相談役になってもらい、彼らのアドバイスを活用しよう。アドバイスを求めるときは本気で「アドバイスをしてください」と言おう。同情や称賛を求めているだけなら、アドバイスを求めてはいけない。

以上の5つのルールを家庭や職場その他で1週間実行し、結果を記録しよう。

第 12 章

人間関係で奇跡を起こす方法

古代から現代にいたるまで、大勢の人がほめ言葉の持つ奇跡的な力を実感してきた。チャールズ・フィルモア牧師はこう記している。

「ほめ言葉は相手の心身にエネルギーを与える。心をこめて相手をほめると、疲れている肉体は壮健になり、落ち込んでいる精神は高揚し、すり減っている神経は回復し、不振に陥っている事業は活況を取り戻す」

ほめ言葉が相手にどのようにエネルギーを与えるのかは、科学的には解明できない。だが、それが事実であることは誰でも直感的に理解できる。あなたも自分の経験を振り返れば、誰かにほめられて急に元気が出たことは一度や二度ではないはずだ。

「お肌につやがあって若々しいですね」とほめられるたびに、「そう言っていただくと寿命が1年ほど延びます」とお礼を言う高齢のご婦人がいたのを覚えている。それは誇張ではなく本心だったと思う。

ニュージャージー州のバインランド職業訓練学校でカウンセラーを務める心理学者のヘンリー・ゴダード博士は、疲労度を測定するためにエルゴグラフという装置を使った。疲れている子どもがほめられると、エルゴグラフはたちまちエネルギーの上昇を示した。子どもが叱られて落胆すると、エルゴグラフはエネルギーの急降下を示した。つまり、ほめ言葉の効果は科学的に解明できなくても測定できるのである。

ほめ言葉は人間の精神を活性化する

あなたはこの時点で、「ほめ言葉が相手の心身にエネルギーを与え、奇跡を起こすという指摘は興味深いが、それが人と仲良くやっていくことと関係があるのか？」と思っているかもしれない。

それは大いに関係がある。

「低い自尊心は摩擦やトラブルを起こしやすい」という原則を思い出してほしい。

相手の自尊心を瞬時に高めて摩擦やトラブルを解消する効果的な方法を紹介しよう。

数年前、マクレビー社のチャールズ・ニコルズ社長と会う機会があり、気難しくて付き合いづらい人たちはたいてい低い自尊心で苦しんでいるという事実について話し合った。

私はこう切り出した。

「人間の精神を活性化する強壮剤が開発されたら、どんなに素晴らしいことでしょう。ポケットに入れて持ち運べる薬のようなものです。悲しんでいる人や怒っている人と出会うたびに、ポケットからそれを取り出して少し与えるだけで、相手が自尊心を高めて友好的になってくれたら、世の中はよりよい場所になると思うのですがね」

すると、彼はこう言った。

「その強壮剤はすでに存在しますよ。それは奇跡の妙薬のような驚異的な効能を持っています。それは『称賛』と呼ばれるものです。つまり、心をこめて相手をほめることです」

「相手が求めているものを見極めて与える」という本書の原則を思い出してほしい。

前出のニコルズ社長はほめ言葉の力をビジネスに応用することについて説明し、自分が会長を務めていた全米小売業者協会の全国調査の結果を紹介した。

数千人の従業員と経営者が「従業員にとって重要なこと」を順に列挙するよう指示され

た。その結果、従業員は「自分の功績や貢献を認めてもらうこと」を圧倒的な差で第1位に挙げたが、経営者はそれを第7位に挙げただけだった。

この結果から明らかなように、従業員にとって功績や貢献を認めてもらうことがどんなに重要かを正確に認識している経営者はわずかしかいないのが現状だ。

家庭、学校、職場を含めて、あらゆる場所で人々は自分を認めてほめてほしいと強く願っている。だから彼らの求めているものを与えれば、彼らは私たちの求めているものを快く与えてくれる。たとえば協力や技術、アイデア、肉体労働などがそうだ。

毎日、心をこめてほめる

生命そのものが奇跡である。だから相手の生命がもっと躍動するように働きかけるたびに、小さな奇跡をおこなっていることになる。その方法はいたって簡単だ。毎日、心をこめて相手をほめればいいのである。

夫、妻、子ども、経営者、顧客、従業員をほめて、相手が好意的な反応を示す様子を観察しよう。どんな人でも、たちまち友好的で協力的になってくれるはずだ。

その「小さな奇跡」が相手のパフォーマンスを大きく向上させることに気づいてほしい。ヘンリー・ゴダード博士がほめられた子どものエネルギーの上昇を科学的に測定した実験を思い出そう。

ほめ言葉が学生の成績向上につながることも証明されている。テストの直前に「諸君の能力と知性があれば、今日のテストは簡単にできる」と言えば、「今日のテストはたいへん難しい」と言うより学生の成績が向上することがわかった。**相手の能力をほめると、相手の能力を高めることができるようだ。**

さらにアメリカの産業界は、**ほめ言葉をかけることと功績を認めることが、労働者の精神を活性化するだけでなく生産性を向上させる**ことを証明してきた。経営者からの「プレゼント」として従業員にお金を支給するだけの「報奨金制度」はあまり効果的ではない。だが、賞与と利益分配が功績にもとづいていて、会社への貢献を認める手段としておこなわれるなら、生産性は大きく伸びる。

リンカーン・エレクトリック社の従業員の生産性は、他社の工場の従業員より12倍も高かった。ジェームズ・リンカーン社長はそれについて、「従業員の功績をきちんと認めていることが最大の理由だ」と語る。

他人をほめるために、その人が大きなことや特別なことをするのを待ってはいけない。たとえば、朝のコーヒーがおいしいと感じたら、妻をほめよう。妻は気分がよくなるだけでなく、翌朝もっとおいしいコーヒーをいれるために努力するに違いない。

誰かが何かをしてくれたら、「ありがとう」と言って感謝の気持ちを述べよう。心をこめてお礼を言うことによって、相手をほめていることになる。

ほめ言葉をかけて自分の気持ちを伝えよう。**自分が感謝していることを言わなくても相手はわかってくれると思ってはいけない。相手の行為に対する感謝の気持ちをきちんと伝えることによって、相手はあなたのためにもっと尽くしたくなる。**

「ありがとう」と言うときの6つのルール

1 **心をこめて言う**。単に「ありがとう」と言うのではなく、気持ちをこめて言おう。形式的に言うのではなく、特別なことのように言おう。

2 **口ごもらずに、はっきりと言う**。感謝の気持ちを相手に伝えることを恥じているようなそぶりを見せてはいけない。

3 **相手の名前を言う**。誰に感謝しているのかを特定しよう。数人に感謝する場合は「みなさん、ありがとう」と言うのではなく、一人ひとりの名前を挙げよう。

4 **相手の顔を見る**。相手が感謝するに値すると思うなら、その人の顔を見よう。

5 **相手に感謝する努力をする**。相手に感謝すべきことを意識的に探してみよう。それが思い浮かぶまで待ってはいけない。感謝の気持ちは人間の自然な性質ではないから、それが習慣になるまで練習する必要がある。

6　相手が思いもよらないときに感謝する。相手が予想していないとき、感謝の言葉はより強い力を持つ。思いもよらないときに誰かから感謝された経験を振り返ってみれば、その意味がよく理解できるはずだ。

最近、ある少年が路上で私に近づいてきて「鉛筆を買ってもらえませんか」と頼んだ。私が「いらない」というジェスチャーをすると、少年は「わかりました。ありがとうございます」と礼を言って私を驚かせた。もちろん、私はすぐに財布から小銭を取り出して鉛筆を買った。その後、少年を観察すると、数人の通行人に鉛筆を売っていた。

ほめれば自分も幸せになる

ほめ言葉と感謝の言葉が奇跡的な力を持っていることをまだ信じられないなら、ここで質問しよう。

もしある人が何かを持っていて、それを与えれば与えるほど、手元にますますたくさんそれが残るとしたら、あなたは奇跡だと思わないか？

これこそが、あなたが他人をほめて感謝することによって幸福を与えるときに起こることだ。つまり、**他人に幸福を与えれば与えるほど、自分の幸福感が高まるのである。**

これは科学的には説明できないが、心理学者と精神科医はそれが真実であることを知っている。

思想家のエマーソンは「精神的に健全かどうかの指標は、あらゆることに素晴らしさを見いだせるかどうかだ」と言っている。

自分の幸福感を高めたいなら、他人の中にほめるべき素晴らしい点を探そう。これほど確実に自分の幸福感を高める方法はない。

著名な心理学者のジョージ・クレイン博士は、「ほめようクラブ」に入会することによって幸福を見つける方法を大勢の人に伝授してきた。

ただし、このクラブに入会するのに会費はいらない。会則は、毎日ほめ言葉を5人以上にかけることだ。誰かがすごいことをしたり完璧な人に出会ったりするのを待つ必要はない。周囲の人の中にほめるべき素晴らしい点を探す努力をしさえすればいいのだ。

他人の中に素晴らしい点を探す努力をすることは、自分にも奇跡的な効果をもたらす。それは自己中心的で独善的な傾向を和らげ、他人に対する理解を深め、寛容の精神を培ってくれるからだ。クレイン博士は「このシンプルなテクニックはこれまで大勢の人の恐怖心と抑うつを治してきた」と語る。

数年前、多くの心理学者が集まり、人々が心の平和を得てより幸せな人生を送るのに役立つシンプルなルールがあるかどうかを議論し、奇跡的な効果を持つと思われる秘訣を見つけた。それは「他人のあら探しをやめること」である。

心理学者たちによると、ノイローゼに陥っている不幸な人々の特徴のひとつは、他人に対して過度に批判的であることだという。彼らはたえず他人のあら探しをする傾向があったが、そういう姿勢を改め、周囲の人の素晴らしい点と自分が置かれている環境の素晴らしい点を探すと、幸福感が飛躍的に高まった。

どんな人にもなんらかの素晴らしい点がある。そこで実験をしよう。**あなたを悩ませたり怒らせたりする人がいれば、その人の素晴らしい点を探し、それを面と向かって実際にほめてみよう。相手がよりよい人に変わっていくだけでなく、あなたの相手に対する見方も変わっていくはずだ。**

ほめ言葉をかけるときの2つのルール

ルール1 誠実な気持ちでなければならない

形式的なほめ言葉は簡単に見透かされてしまうので、あなたにとっても相手にとっても役に立たない。そんなことをしなくても、その気になって探せば、ほめるべき素晴らしい点は必ずある。**大きなことをいい加減な気持ちでほめるより、ささいなことについて本気でほめるほうがずっといいと覚えておこう。**

ルール2　相手そのものより相手の行為や性質をほめる

相手そのものより相手の行為や性質をほめるというのは、たとえば「あなたはとても美しい」と言うより「あなたの髪の毛はとても美しい」と言うほうが、ほめ言葉としては効果的だという意味だ。

相手の行為や性質をほめると、ほめ言葉が具体的になって誠実さが伝わる。また、相手は何をほめられているかが正確にわかるから、よりよい結果が得られる。

いきなり誰かから「あなたは素晴らしい人だ」と言われたら、ほとんどの人は違和感を覚えるし、決まりきったほめ言葉を言われているだけだと感じるだろう。だが、具体的なことを選んでほめれば、相手はそれをすんなり受け入れることができて気分がよくなる。

特定の行為をほめることは、ほめられた人がそれをもっとしようという動機づけになる。ほめ言葉はその対象となる行為を強化する働きを持っていることを覚えておこう。相手のよい行為をほめれば、相手の行為はますますよくなる。

ここで注意しておこう。相手そのものをほめると、相手の自己愛の傾向を助長しやすい。実際多くの少年が母親から「あなたは世界で最も素晴らしい人よ」と頻繁に言われ、そのためにつけあがって高慢になり、うぬぼれの強い人間になった。このように、ほとんどの人が相手をほめるのをためらうのは、相手が増長するのを懸念しているからだ。

しかし、相手の行為や性質をほめると、相手の自尊心を高めることができる。これは自己愛やうぬぼれとはまったく違うことだ。

人望が集まる基礎知識⑫

1 心のこもったほめ言葉は相手の心身に活力を与える。

2 落ち込んでいる人、いい加減な仕事をする人、付き合いづらい人は、低い自尊心のために悩んでいる可能性が高い。心のこもったほめ言葉は、健全な意味で相手の自尊心を高めて行動を改善する「奇跡の妙薬」としての役割を果たす。

3 相手の功績や貢献を認める。相手がしてくれたことに感謝の言葉を述べよう。とくに経営者が従業員の功績や貢献を認めると、生産性は飛躍的に高まる。

4 ほめ言葉を気前よくかける。感謝の気持ちは誰にでも生まれつき備わっているわけではない。だから感謝の気持ちを述べることで、あなたはその他大勢から抜け出すことができる。

5 毎日、誰かをほめる。ささいなことでいいから、誠実で具体的なほめ言葉を周囲の人にかけよう。

第13章

相手を怒らせずに注意を与える方法

私たちが他人に「あなたのためを思って言っている」と言うとき、実際は約95％の確率でそうではない。相手の欠点をあげつらって自分の自尊心を満たそうとしているだけだ。

人間関係で最もよくある間違いのひとつは、（たいてい無意識に）相手の自尊心を傷つけて自分の自尊心を満たそうとすることである。たえずあら探しをし、小言を言い、相手の気持ちを逆なでするのは、低い自尊心のなせるわざだ。

エッセイストのジョン・マーフィーが言っているように、相手をこき下ろすのは、自分をつまらない人間とみなしている証しなのだ。

一方、本物のリーダーが部下の欠点を指摘することはしばしばある。これは卓越した技術を必要とするが、偽物のリーダーにはそれが欠けている。この章ではそれについて説明しよう。

目的は相手を向上させることにある

注意を与える技術はあまり知られていない。実際、99%の人がそれを苦手にしているので、「注意を与える」という表現そのものがいやな響きを持っている。この言葉について考えるとき、私たちは自分に注意を与えた人たちを連想し、こき下ろされたときに味わった屈辱を思い出す。

だが、**注意を与えることの本当の目的は相手をおとしめることではなく、相手を向上させることである**。つまり、相手の気持ちを傷つけることではなく、相手がよりよい仕事をするのを手伝うことだ。

最近、アメリカン航空のウォルター・ジョンソン副社長と「上手に注意を与えるための7つのルール」（後述）について話し合った。彼はこう言った。

「飛行機が着陸態勢に入ったときのパイロットがいい例です。管制官はパイロットの操縦に注意を与えなければなりません。たとえば、軌道からそれていたら、管制官はただちに注意を与えます。しかし、それによって気分を害するパイロットはいません。『管制官は私の操縦についていつもあら探しばかりしている。たまにはほめてくれたらいいのに』と不平を言うパイロットはいませんから」

誰かに注意を与えるときは、管制官がパイロットに注意を与える方法を思い出そう。管制官の目的は自分の自尊心を満たすことではなく、航空会社とパイロットの双方にとって好ましい結果を得ることだ。管制官はスピーカーを通じて他の人たちに聞こえるようにパイロットに警告しているのではなく、パイロットにだけ聞こえるように連絡をしている。管制官はパイロットを個人攻撃しているわけではない。だから「着陸時にそんなに低空飛行をするなんて愚かだ」と非難せず、「高度が低すぎる」と指摘しているだけである。パイロットは注意を与えてもらって恩恵を得ているから、腹を立てるどころか感謝している。きっと管制官を食事に誘いたいぐらいの気分だろう。

重要なのは、管制官とパイロットが本来の目的を達成して成果を上げることだ。他人に注意を与えるときは、それを念頭に置くべきである。

相手に注意を与えて成果を上げるための7つのルール

ルール1　一対一で注意を与える

注意を与えて成果を上げたいなら、相手の自尊心を傷つけないように配慮しなければならない。あなたの目的は、相手に正しい方向性を示して好ましい結果を得ることである。**たとえ動機が純粋で、誠実な気持ちで注意を与えても、大切なのは相手がどう感じるかだ。**周囲に第三者がいるかぎり、いくら穏やかに注意を与えても、相手は反感を抱く公算が大きい。注意の内容が妥当であろうとなかろうと、相手は同僚や知人の前で面子をつぶされたと感じるからだ。

あなたがこのルールを守っているかどうかは、自分の本当の動機を見極める判断材料になる。第三者がいる前で部下を叱ったり夫のテーブルマナーを批判したりするなら、あなたの本当の動機は相手に恥をかかせて自分の自尊心を満たすことである可能性が高い。

子どもも大人と同じように人間である。だから、なるべく第三者がいる前で叱らないように気をつけるべきだ。また、子どもに説教する必要があるなら、第三者がいない場所でしたほうが効果的である。

ルール2　ほめ言葉で前置きをする

ほめ言葉は友好的な雰囲気をつくる効果を持っている。自尊心を傷つける意図がないことを伝え、相手を安心させることができるからだ。

ゼネラルフード社の創業者、クラレンス・フランシスは「**ほめることによって、相手の最もいい部分を引き出すことができる。だから注意を与える必要があるときでも、理解しようと努めてくれる**」と言っている。

ほめ言葉には相手の心を開かせる作用がある。ほめ言葉をかけてから注意を与える方法を具体的に紹介しよう。

「ビル、素晴らしい報告書だったよ。ただ少し、気になったのは……」

「メアリー、よく働いてくれてありがとう。ちょっと指摘したいのだが……」

「ジェフ、いつも協力してくれて嬉しいよ。でも最近は少し……」

「ジョン、おかげでずいぶん助かったよ。ひとつだけ言っておくと……」

「リンダ、向上心がとても旺盛だね。ただふと思ったのだが……」

ルール3　相手の行為に注意を与える

ここでも相手そのものではなく、相手の行為に注意を与えることが大切だ。そうすることによって相手の自尊心を傷つけずに済む。**あなたが関心を寄せているのは相手の行為である。だから注意の対象を相手の行為に限定することによって、逆に相手の自尊心を満たすことができる。**

具体例を紹介しよう。

「ジョン、この間違いはいつもの君らしくないね」
「ジョージ、これを指摘するのは、君ならもっとうまくできると思うからだよ。これはいつもの君の出来栄えからすると、ちょっと物足りないな」

こういう言い方なら、あなたは相手の間違いを指摘しながら相手をほめることができる。「あなたの仕事ぶりはよくない」とこき下ろしているのではなく、「あなたならもっと素晴らしい仕事ができるはずだ」と持ち上げているからだ。この方法は、あなたの期待に応えようという強い動機を相手に与えることができる。

また、**相手の落ち度を婉曲的に指摘したほうがいい場面もある**。
「フレッド、週報が経理部にまだ届いていないようだね（これはフレッドの職務である）。週報はどうなったか知っているかい？」と言うほうが、「フレッド、週報を期日どおりに経理部に届けていないじゃないか」と頭ごなしに叱るよりも効果がある。

ルール4　正しい方法を教える

相手の間違いを指摘するときは、正しい方法を丁寧に教えよう。**まずい点を指摘するのではなく、間違いを修正して再発を避けることに重点を置くことが大切だ。**

部下の最大の不平のひとつは、「何をしても上司は喜んでくれない。いったい何を求められているのかよくわからない」というものだ。

ある職場の部下がこんなふうに不満を漏らした。

「上司はいつもあら探しをして私の仕事ぶりを批判します。たしかに自分の仕事ぶりがまずいことはわかるのですが、具体的にどうすればいいのか教えてくれません。目標がはっきりしないので困っています」

自分に求められているものを明確にしてもらえずに不満をため込むことほど、職場や家庭の雰囲気を悪くするものはない。**求められているものがはっきりわかれば、ほとんどの人はそれを実行しようとするものだ。**

ルール5　要求ではなく依頼をする

要求するより依頼するほうが協力を得やすい。たとえば、「ここをやり直してくれ。今度は絶対に間違うなよ」と要求するより、「ここを少し訂正してもらえないだろうか」と依頼するほうが、相手は気持ちよく動いてくれる。

相手に要求すると奴隷の役割を押し付けることになる。一方、相手に依頼するとチームの一員にすることができる。**依頼することはチームの一体感をはぐくみ、要求するよりはるかに強固な協力体制を築くことができる。**

「上司は私だから、言うとおりにしろ」と言うか、「われわれの目標はこうだから、それを達成するために協力してもらえないか」と言うかで大きな違いが生まれる。

相手に行動を変えるように命令するよりも、行動を変えたいという主体的な動機を与えるほうがはるかに効果的である。

全米屈指の営業力を誇るナショナル・レジスター社のラルフ・ネグリー営業部長は、「セールスマンのモチベーションを高める秘訣は会社の要求を押し付けることではなく、もっと売りたいという動機を与えることだ」と言っている。

彼は「ここでやっていきたいなら、もっと足を使って働け」とは言わず、「訪問数を増やして努力すれば、収入が大きく増えるよ」という言い方をすることを心がけている。

ルール6　注意は1回にとどめる

ひとつの間違いに注意を与えるのは1回にとどめよう。2回は不要であり、3回はしつこい。**相手に注意を与えるのは成果を上げるためであり、お互いのプライドをかけて相手と戦うためではない。**

過去のことを蒸し返したくなったら、管制官がパイロットに注意を与えて飛行機の安全を確保する方法を思い出そう。管制官はパイロットにまずい点を伝えて、それが解決されたら、その件を忘れ去る。管制官がパイロットのミスを根に持つことはない。

過去の間違いをいつまでもくどくど言うのは建設的ではない。だが、このパターンに陥りやすいのは雇い主だけではない。夫婦もしばしばお互いに過去のことを引き合いに出し、親も子どもと接するときに過去のことを蒸し返すことがよくある。しかしながら、そんなことをしても相手の向上に役立たないどころか逆効果になるだけだ。

ルール7 友好的に話を終える

問題が友好的に解決されるまでは、それが解決されたとは言えない。中途半端な終わり方をして、あとで蒸し返すのはよくない。その問題を完全に処理して片をつけよう。

話の終わりに相手を励まそう。**相手の最後の記憶が「叱責」ではなく「激励」になるようにするのが理想的な注意の与え方だ。**

×「これだけ注意したのだから、二度とやらかすな」（叱責）
○「私は君を心から信頼し、大いに期待している」（激励）

×「これで改善の兆しが見えないなら、覚悟してほしい」(叱責)

○「これでコツをつかめたはずだから、次はがんばってほしい」(激励)

人望が集まる基礎知識⓭

相手に注意を与えるのは、双方が目標を達成するためである。

自分の自尊心を満たすために相手に注意を与えてはいけない。

また、相手の間違いを正したいのなら、相手の自尊心を傷つけてはいけない。

そこで、次の7つのルールを肝に銘じよう。

1 〈一対一で注意を与える〉 人前で相手に恥をかかせない

2 〈ほめ言葉で前置きをする〉 相手を頭ごなしに叱らない

3 〈相手の行為に注意を与える〉 相手の人格を攻撃しない

4 〈正しい方法を教える〉 具体的な方法を丁寧に指導する

5 〈要求ではなく依頼をする〉 協力したいという気持ちにさせる

6 〈注意は1回にとどめる〉 しつこくならないように気をつける

7 〈友好的に話を終える〉 最後に相手を励まして勇気づける

Part 5

人間関係のワークブック

第 14 章

成功と幸福をもたらす効果的な行動計画

単に「本書のアドバイスを思い出して他人とうまくやっていこう」と自分に言い聞かせるのではなく、具体的な目標を設定し、その実現に向けて努力しよう。

本書から何を得るかは、あなた次第である。私は人間の本性に関する正確な理解にもとづく証明済みの方法を紹介した。だが、人間関係に関する知識は、成功と幸福を手に入れるための出発点にすぎない。そこで、本書の知識を活用するために具体的な方法を書きとめ、それをもとに行動を起こそう。

もちろん、あなたの目標が何なのかは私にはわからない。だが、ほとんどの人が職場や家庭、その他の社交の場で人間関係を改善したいと思っていることは確かだ。

では、これから空欄に必要事項を書き込もう。そうすることで自分の目標と問題が明確になる。

1 職場での人間関係の改善

あなたの最大の問題は何か？（　　　　　　　　　　　　　　　　　　　　　）

それを解決する方法は本書の何ページに書かれているか？（　　　　）ページ（複数可）

- **これから実行すべき具体的な方法**

1
2
3
4
5

- **改善された点**

2 家庭での人間関係の改善

あなたの最大の問題は何か？〔　　　　　　　　　　　　　　　　〕

それを解決する方法は本書の何ページに書かれているか？〔　　　　　　〕ページ（複数可）

- **これから実行すべき具体的な方法**

1
2
3
4
5

- **改善された点**

3 その他の場での人間関係の改善

あなたの最大の問題は何か？〔　　　　　　　　　　　　　　　　　　〕

それを解決する方法は本書の何ページに書かれているか？〔　　　　〕ページ（複数可）

●これから実行すべき具体的な方法

1

2

3

4

5

●改善された点

エクササイズ　自己分析チェックリスト

「万能の天才」と呼ばれるベンジャミン・フランクリンは自伝の中で「自分を改造するために何年間も努力したが、うまくいかなかった」と書いている。

そこで彼は、かんしゃく、イライラ、思いやりのなさのように自分の欠点だと思うものを紙の上に列挙し、その中で最大の欠点を選んだ。そして、**いきなり自分を改造するのではなく、自分の最大の欠点を直す努力をした**。**一回にひとつの欠点に取り組んだ結果、約1年後には自分に損害をもたらしていた多くの悪い習慣を直すことができた**。

もちろん、私にはあなたの欠点が何なのかはわからない。だが、人間であるかぎり、なんらかの欠点を持っているはずだ。ここで言う「欠点」とは道徳的な意味ではなく、人生で手に入れたいものを遠ざけている悪いクセのことだ。自分が損をしている原因を取り除けば、成功と幸福をずっと簡単に手に入れることができる。

これから紹介する自己分析チェックリストの各項目に「はい」か「いいえ」で答えよう。このチェックリストはたいへん重要だから、できるだけ頻繁に活用するといい。

1

自分の求めるものを与えてもらう前に、相手の求めるものを与えているか？

はい□　いいえ□

2

相手が完璧でなくても受け入れているか？

はい□　いいえ□

3

自分の求めるものを得るのと引き換えに、相手の求めるものを与えているか？

はい□　いいえ□

4

相手をこき下ろして自分の自尊心を満たそうとしないように気をつけているか？

はい□　いいえ□

5

相手に純粋な関心を寄せているか？

はい□　いいえ□

6

相手に注目しているか？

はい□　いいえ□

7

相手を対等の人間として扱っているか？

はい□　いいえ□

8

相手に自信と希望を与えているか？

はい□　いいえ□

9

相手の個性を尊重しているか？

はい□　いいえ□

10

相手を大切な存在として扱っているか？

はい□　いいえ□

11

相手が友好的であることを想定し、自分から歩み寄っているか？

はい□　いいえ□

12

ふだんから身だしなみに気をつけているか？

はい□　いいえ□

13

相手に好意を持ってもらえるように接しているか？

はい□　いいえ□

14

気さくでとっつきやすいか？

はい□　いいえ□

15

相手の話に耳を傾けているか？

はい□　いいえ□

16

自分の考えを相手にうまく伝えているか？

はい□　いいえ□

17

相手に協力してもらえるように気をつけているか？

はい□　いいえ□

18

相手に協力を求めるとき、参加を呼びかけているか？

はい□　いいえ□

19

周囲の人の知恵と体力の両方を活用し、彼らの才能を最大限に生かしているか？

はい□　いいえ□

20

ほめ言葉が持つ奇跡的な力を理解しているか？

はい□　いいえ□

21

相手の功績を常に認めているか？

はい□　いいえ□

22

感謝の気持ちをきちんと相手に伝えているか？

はい□　いいえ□

23

相手を怒らせずに注意を与えているか？

はい□　いいえ□

24

相手とのやりとりで誠意を尽くしているか？

はい□　いいえ□

25

他人に忍耐強く接しているか？

はい□　いいえ□

26
誰かに何かをしてもらうとき、それをしたいと思う動機を相手に与えているか？
はい□　いいえ□

27
不満をため込まないように気をつけているか？
はい□　いいえ□

28
かんしゃくを起こして周囲に迷惑をかけないように自分を律しているか？
はい□　いいえ□

29
うぬぼれて自慢話をしないように自分を戒めているか？
はい□　いいえ□

30
尊大な態度をとらず、常に謙虚さを心がけているか？
はい□　いいえ□

おわりに

本書の執筆にあたり、ひとつの目的があった。あなたの人間関係を改善し、成功と幸福を手に入れるのをお手伝いすることだ。その目的を達成するまで本書は完成しない。

本書を完成させることができるのは、あなたしかいない。あなたが身をもって効果を証明したとき、私の任務は無事終了を迎える。

ぜひ本書で学んだことを日常生活の中で応用してほしい。そうすれば、これまで大勢の人が体験してきたように、あなたも成功と幸福を手に入れることができる。

レス・ギブリン

ディスカヴァー携書 237

人望が集まる人の考え方

発行日　2022年２月20日　第１刷
　　　　2024年８月26日　第20刷

Author　レス・ギブリン
Translator　弓場隆
Book Designer　松田行正＋倉橋弘

Publication　株式会社ディスカヴァー・トゥエンティワン
〒102-0093　東京都千代田区平河町2-16-1 平河町森タワー11F
TEL　03-3237-8321（代表）　03-3237-8345（営業）
FAX　03-3237-8323
https://d21.co.jp/

Publisher　谷口奈緒美
Editor　藤田浩芳　橋本莉奈

Distribution Company　飯田智樹　蛯原昇　古矢薫　佐藤昌幸　青木翔平　磯部隆　井筒浩　北野風生　副島杏南　廣内悠理　松ノ下直輝　三輪真也　八木眸　山田諭志　鈴木雄大　高原未来子　小山怜那　千葉潤子　町田加奈子

Online Store & Rights Company　庄司知世　杉田彰子　阿知波淳平　大﨑双葉　近江花渚　滝口景太郎　田山礼真　徳間凜太郎　古川菜津子　藤井多穂子　厚見アレックス太郎　金野美穂　陳玟萱　松浦麻恵

Product Management Company　大山聡子　大竹朝子　藤田浩芳　三谷祐一　千葉正幸　中島俊平　伊東佑真　榎本明日香　大田原恵美　小石亜季　舘瑞恵　西川なつか　野﨑竜海　野中保奈美　野村美空　橋本莉奈　林秀樹　原典宏　牧野類　村尾純司　元木優子　安永姫菜　浅野目七重　神日登美　小林亜由美　波塚みなみ　林佳菜

Digital Solution & Production Company　大星多聞　小野航平　馮東平　森谷真一　宇賀神実　津野主揮　林秀規　斎藤悠人　福田章平

Headquarters　川島理　小関勝則　田中亜紀　山中麻吏　井上竜之介　奥田千晶　小田木もも　佐藤淳基　福永友紀　俵敬子　池田望　石橋佐知子　伊藤香　伊藤由美　鈴木洋子　藤井かおり　丸山香織

DTP　株式会社RUHIA
Printing　共同印刷株式会社

携書ロゴ：長坂勇司
携書フォーマット：石間淳